# 民间故事

【中国民俗文化丛书】

刘魁立 张旭 主编
林继富 著

中国社会出版社

**图书在版编目（CIP）数据**

民间故事/林继富著. —北京：中国社会出版社，2006. 9

（中国民俗文化丛书/刘魁立，张旭主编）

ISBN 978-7-5087-1368-7

Ⅰ. 民… Ⅱ. 林… Ⅲ. 民间故事—简介—中国 Ⅳ. I207. 7

中国版本图书馆 CIP 数据核字（2006）第 106941 号

**丛 书 名**：中国民俗文化丛书
**丛书主编**：刘魁立 张 旭
**全案策划**：李春园
**书 名**：民间故事
**著 者**：林继富
**责任编辑**：孙 研
**出版发行**：中国社会出版社 邮政编码：100032
**通联方法**：北京市西城区二龙路甲 33 号新龙大厦
电 话：（010）66080300 （010）66083600
（010）66085300 （010）66063678
邮购部：（010）66060275 电传：（010）66051713
编辑室：（010）66060097
**网 址**：www. shcbs. com. cn
**经 销**：各地新华书店
**印刷装订**：中国电影出版社印刷厂
**开 本**：155mm × 225mm 16 开
**印 张**：11
**字 数**：130 千字
**版 次**：2011 年 4 月第 3 版
**印 次**：2014 年 9 月第 11 次印刷
**定 价**：18. 50 元

# 中国民俗文化丛书编委会

# 序

中国民俗学会理事长　刘魁立

人生活于文化之中，正像人离不开空气一样。《周易》说："观乎天文，以察时变；观乎人文，以化成天下。"无论汉语"文化"一词是否由此而来，这段话至少说明，我们的祖先向来对文化的重要性有十分清楚和极其深刻的理解。文化确乎是人之所以成为人、人类之所以成为人类的根本标志。人创造了文化，文化也创造了人，从这个意义上也可以说，人是文化的动物。

从文化本身来说，相当长一段历史时期的传统文化可以粗略地、也是相对地划分为两大分流，即所谓上层文化（或称高层文化、雅文化、精致文化……）和下层文化（或称基层文化、底层文化、低层文化、民间文化）。

民间文化是人民群众创造的最古老的文化，因为它的根源可以追溯到人类发展的初始阶段；民间文化同时也是最年轻的文化，因为它仍然活生生地存在于人民的日常生活和口碑之中。民间文化还是整个社会文化的基础，并且具有极强的生命力。上层文化往往是对民间文化选择、改造和精致化的结果。

民间文学、民间艺术是民间文化中最富色彩的一个组成部分。它在人类创造的一切艺术中，生命最活跃，涉及最广泛。它以古朴纯真的艺术手段，反映着人民群众的现实生活、理想和追求。它的无数珍品，是当之无愧的美的典范。没有了它，人类将失去多少童真的回忆；没有了它，人类的爱祖国、爱家乡将会缺少多少实际可感的具体内容；没有了它，人类的欢乐、悲伤也将变得干枯而平淡；没有了它，人类将会失掉多少生活的甘美和幽默……

万家社区图书室援建和万家社区读书活动，是建设社会主义文化和建设社会主义新农村的一项战略举措。我们，作为受到农民兄弟哺育和培养的知识界、文化界，有义务用学来的知识回报衣我食我的父老乡亲，这不仅是我们的社会责任，也是我们的荣耀。

中国民俗学会在这项重要活动中，承担有关中国民间传统文化的约50种图书的撰写工作，我们组织了学养很高的，包括大批教授、研究员在内的专家队伍，来完成此项写作任务。他们在相关领域里，学有所长，业有专攻，所有作者都以光荣志愿者的精神，以科学严谨的态度，用生动活泼的文字，把相关的准确而丰富的知识，呈献给农民兄弟和城镇社区的读者。完成这项具有重要意义的写作编书任务，是我们人生当中一件值得骄傲、值得自豪的事情。

中国民间文化是世世代代锤炼和传承的传统文化，其中凝聚着民族的性格、民族的精神、民族的真善美，是中华民族彼此认同的标志，是祖国同胞沟通情感的纽带。历史悠久、内涵丰富的传统文化也是我们中华民族对人类文化多样性发展的巨大贡献。急剧变化的时代在淘洗着传统的民间文化。在当今时代，我们尤其有必要对我们丰富淳厚、历史悠远的民俗传统立此存照，将其中的优秀部分及其真谛展示给广大民众，使他们对中华大地、对祖国同胞、对优秀的文化传统和淳厚的民俗民风怀有更深刻的眷恋、热爱和崇敬。继承和发扬中华民族创造的非常丰富而优秀的非物质文化遗产和民族精神，是我们的幸事，也是我们的历史责任。

我希望在大家的共同努力下，民间文化之花越开越鲜艳，为我们祖国、为我们中华民族赢得一个永恒的春天。

# 目录

# 前言

民间故事亦称“讲古话”、“讲瞎话”、“讲大头天话”、“摆龙门阵”、“讲经”、“粉白（话）”、“说古”、“学古”、“瞎话”等，各地说法不一样，反映了老百姓对民间故事的不同认知方式和使用状况。在中国，讲故事的活动在两千多年前就已经被文字记录下来了，然而，要推算最早的民间故事讲述，恐怕要追溯到无文字的原始社会了。讲述故事的传统在中国从来就没有中断过，就是在21世纪的今天，讲故事的风气在民间依然十分盛行，尤其是在边远的山村和上了年纪的老人那里，异彩纷呈的民间故事依然焕发出勃勃生机。作为老百姓喜爱的民间文艺活动，人们在长期的讲述过程中形成了一套较为固定的习俗。对于这样一种丰厚的人类文化现象，学者们还没有给出一个完整而准确的科学定义。

综观民间故事的理论，学术界有两种不同的民间故事定义：广义的民间故事和狭义的民间故事。广义的民间故事是指流传在群众中间，与民间韵文体文学相对的民间散文体叙事作品，包括“神话、传说，还有其他各种各样的故事，如动物故事、幻想故事、笑话、寓言，以及某些民族或地区特有的口头散文叙事文学体裁等等”①。狭义的民间故事，指与神话、传说并列的其他散文叙事作品。本书涉及的民间故事在内容和范围上以狭义的民间故事界定为主。

在中华大地上，生活着56个民族。讲述民间故事不仅是这些民族的重要精神活动，而且是他们生活中必不可少的组成部分，优美动听的故事伴随人们度过无数美好的时光。这种便捷而快乐的文化生活，为中国乡民所喜欢，世界许多国家的老百姓也十分钟爱，美国学者斯蒂汤普森曾经写道：

在非洲中部的村庄里，在太平洋装有舷外铁架的小船上，在澳大利亚灌木林中，以及在夏威夷和火山的阴影里，现实的和过去神秘的故事，动物、神和英雄的故事，以及男人和女人们自身的故事，总是以它们的魅力俘虏听众或丰富着日常生活的谈吐。这样的故事还在爱斯基摩雪屋的海豹油油灯下，在巴西的热带丛林中，在英属哥伦比亚海岸的图腾柱旁拥有听众。另外，在日本、中国和印度，僧人和学者、农民和手工艺人全部加入了喜欢好的故事和崇敬故事讲得好的人的行列。②

讲故事在现今的中国农村依旧是一道亮丽的风景。“冬季是农闲时节，寒夜又那样漫长，于是，躺在温暖的炕头上，或围坐在火盆边，嘴里吧嗒着旱烟袋，也许手里纳着鞋底等活计，手不闲，嘴也不闲地讲述着。夏季锄草时节，夜晚坐在大树底下，或在庭院里以此来消磨暑天的酷热。秋后扒苞谷米或扒蚕茧，需要人手多，讲故事会吸引来

---

① 许钰著《口承故事论》，北京师范大学出版社1999年版，第246页。

② 【美】斯蒂·汤普森著，郑凡、郑海等译《世界民间故事分类学》，上海文艺出版社1991年版，第2页。

劳动帮手，还会忘记了疲劳。”① 这是我国北方民众用故事打发农闲时间、消除劳动疲倦的典型场面。

“驾船的时候，我原来呀，整天讲经。有一个朋友讲故事呢，总有讲不完的故事。我跟他走资坵，有一个多月，他也欢喜讲呀，他不炒现饭。那我年轻的时候，那欢喜讲呀。荤的也有啦，素的也有啦。”②

包苞谷粑粑的芭蕉叶　　林继富　摄

这是湖北长阳都镇湾故事讲述人刘华阶的一段肺腑之言。在一个多月的驾船时间里，旅途的寂寞和孤独因故事而消解，繁重而单调的劳动生活因故事而变得轻松，因故事而变得多姿多彩，就是在做家务的时

① 张其卓：《这里是“泉眼”——搜集采录三位满族民间故事讲述家的报告》，见《满族三老人故事集》，春风文艺出版社 1984 年版，第 589 页。

② 访谈对象：刘华阶，访谈人员：林继富、王丹、萧国松，访谈时间：2004 年 8 月 4 日上午，访谈地点：湖北省长阳土家族自治县都镇湾镇武落钟离山刘华阶家。

候也忘不了讲述与此相关的故事来娱乐、来消遣、来传授生活知识。

总之，讲故事已成为中国民众表现生活、表达情感、记忆历史、书写现实、倾吐心声的主要方式，是他们感受社会生活、传递民族文化传统最灵活、最便捷、最普及的手段。尽管我们听到他们年复一年地演述着似曾相识的故事，但是，故事讲述人的每一次讲述就是对历史的一次记录和回味，每一次讲述就是通过故事将古老文化与现代生活相连接、相融通，以此彰显对社会的认识和人生的理解，使得流传

包粑粑　　　　林继富　摄

千百年的故事在讲述人那里重现别样景致而摄人心魄。

如今，中国社会变迁的速度比以往任何时候都要迅猛，现代化的生产方式和生活方式不断地浸染乡土农村，由此产生的重大影响不言而喻。在这样的时代背景下，群众性的文化娱乐活动不可逆转地发生着变化，文化的多样化、娱乐的现代化越来越突出。但是，在中国乡村，民间故事作为一种主要的群众文化生活方式，依然如故地承袭着

蒸粑粑　　　林继富　摄

传统的面貌，而且不断创新发展。那一串串回响在平原深谷的爽朗笑声，那树荫下簇簇人群的专注神情，那火塘边映红脸庞的异样神色，仍旧是今天中国民间故事讲述的动人场面。

1997～2006年，作者对湖北省长阳土家族自治县都镇湾镇的民间故事进行了长达十年的实地考察。在那里，无论我们走到哪户人家，故事就是他们最好的待客礼仪；无论与谁做伴，故事一直都充盈着整个时空环境。在这个地区，历史上究竟有多少民间故事传承人，目前还无法做出全面科学的统计；当代到底有多少仍然健在的民间故事传承人，我们也没有十分准确的数字。但是，2003年11月以来，长阳土家族自治县文化馆和都镇湾镇文化站对都镇湾十五溪村故事传承人进行了4次较大规模的联合调查，该村共有2234人，70%的村民会讲故事，其中40余人能讲50～100个故事，18人能讲200个以上的故事，实际搜集到的故事达3000余则，讲故事成为当地民众不可或缺的重要生活内容。讲述人通过故事彼此构成的网络，协调着老百姓的邻里关系和社会关系。2003年的一次调查抽样了部分村民的故事讲述情况，其民间故事的蕴藏量见下表（详细数据见附录）：

| 数量<br>性别 | 20～50 | 50～100 | 100～200 | 200以上 | 总计 |
|---|---|---|---|---|---|
| 男 | 51 | 57 | 26 | 18 | 152 |
| 女 | 18 | 10 | 5 | 3 | 36 |

表格里，民间故事的讲述人并非一个、两个，而是一群、一批，他们蕴藏的故事也非寥寥可数，而是数量可观。这些故事有规律地分布在十五溪村村民当中。能讲200个以上故事的有18位，能讲100～200个的26位，能讲5～100个的67位，能讲20～50个的69位。这说明民间故事的讲述在中国农村并非偶然现象，而是一种生活爱好和社会风尚。在188位故事讲述人中，152位为男性传承人，占总数的80%，女性36位，占总数的20%，这个比例表明在我国村落故事讲述人中，男性故事传承人占绝对优势。他们中间既有年事已高的老者，又有稚气未脱的孩童；既有远近知名的故事篓子，也有其乐融融的故事家庭。无论什么职业，多大年龄，只要故事讲述人聚在一起，就有讲不完的故事、唱不完的歌，总让人兴味盎然、余音未了。他们人人能讲故事，个个都有一套绝活，这些千秋各异的民间叙事资源构成了绵密的文化网络，编织成中国乡民独立的文化空间和丰富的精神世界。

中国真正开展大规模的民间故事搜集始于1984年。当时，一批基层文化工作者自觉学习民间文学的科学调查方法，田野调查者也改变过去只采录故事文本的单一做法，将故事讲述人的成长道路、个人才能和独特风格及其作品承继路线、在群众文艺生活中的地位，以至民

辽宁故事家谭振山的乐趣　　田光　摄

间故事演述环境统统纳入到田野工作的视野。在这个科学方针的指引下，对民间故事讲述人的重视出现了前所未有的局面，一大批不同民族、不同地域、不同性别的杰出民间故事讲述人纷纷登台亮相。1984年至1990年6年的民间故事的搜集过程中，据不完全统计，我国已发现能够讲50则以上故事的传承人就达9901人[①]。内蒙古的秦地女，辽宁的谭振山、李明，山东的胡怀梅、尹宝兰、王玉兰、宋宗科，山西的尹泽、梁力，河北的纪文道、靳正新，河南的曹衍玉，湖北的刘德培、孙家香、罗成双、刘德方，湖南的孙明斗、易法松，四川的魏贤德，江苏的陈理言以及鄂伦春族的李水花，蒙古族的金荣，朝鲜族的金德顺，满族的傅英仁、马亚川、李成明、佟凤乙，藏族的黑尔甲、

① 贺嘉：《中国民间文学集成的普查与耿村故事家群的发掘》，载《民间文学论坛》1991年第6期。

尹泽在讲故事　采自《中国民间故事集成山西卷》

河南故事家曹衍玉　　　　程建君　摄

七尖初，侗族的杨雄新等不仅能够讲述几百则民间故事，而且讲述的质量也属一流。在他们周围活跃着一大批知名的故事讲述人，他们讲述的故事不仅多，而且讲述技艺高超。这些故事具有强烈的民族和地域特色，受到周围广大民众的普遍欢迎和认同，并被听众广泛传讲。

中国民间故事集成的搜集、整理工作促使相当一批学者对民间故事讲述人给予了特别的关注，出版和发表了许多高质量的著作和论文，构成了故事研究领域最具活力的专题之一。1985 年以后，《民间文学》杂志社专门开辟了“故事家和他们的故事”专栏，系统地介绍了我国杰出的民间故事讲述人，大大拓展了人们对故事讲述的认识和了解。同时，对讲述人比较集中、故事蕴藏量较大的“故事村”进行了重点采录，比如河北省藁城县耿村、河北省行唐县杏庵村、湖北省丹江口市伍家沟村、四川省重庆市巴县走马乡等，有些地方还编印了“故事

伍家沟故事村一览　　林继富　摄

村”的作品专集，其中对耿村的普查先后进行过8次，采录到4300多篇故事，出版发行了7卷本的《耿村一千零一夜》①。

中华民族“是由许许多多分散、孤立存在的民族单位，经过接触、混杂、联结和融会，同时也有分裂和消亡，形成一个你来我去，我去你来，我中有你，你中有我，而又各具个性的多元统一体”②。这种多元一体的民族结构，决定了中国民间故事多元一体的存在格局。各个民族的民间故事在多姿多彩的地域景观和人文传统的作用下，呈现出千姿百态的面貌。

同时，中国各民族之间的相互交流、相互借鉴大大促进了民间故

伍家沟村故事堂　　　　林继富　摄

① 袁学骏、刘寒主编：《耿村一千零一夜》，花山文艺出版社2006年版。

② 费孝通：《中华民族多元一体格局》，载《北京大学学报》1989年第4期。

事的发展。汉族很多民间故事在我国少数民族地区家喻户晓，代代相传。例如《水浒》、《杨家将》、《包公案》等故事，就在许多少数民族中广泛流传。这些故事传入少数民族后，各民族按照自己的生活习惯和文化心理加以改造，融进本民族的生活和思想感情。少数民族民间故事对汉族民间故事的影响，亦是中国各族民间故事交流与整合的重要表现。另一方面，各少数民族间民间故事的交流和影响也有久远的历史。在许多少数民族中，流传着内容和情节极为相似的民间故事。比如，西南、中南地区各民族都有狗耕田型故事、百鸟衣型故事、灰姑娘型故事以及找幸福型故事等数百篇异文编织成不同类型故事的流传网络。

中国民间故事在漫长的历史年代里，通过多种渠道与世界许多国家有着广泛的交流和互借。佛教传入中国，带来了大量印度故事。中日的频繁交往将中国民间故事传播到日本，致使日本民间故事有一半

多个故事文本的诞生　　林继富　摄

以上与中国的相同或相似。这种吸纳与输送、交流与碰撞使得中国民间故事具有浓厚的民族性和兼容并蓄的世界品格，不仅丰富了我国民众的日常生活，而且充实了世界民间故事的文化宝库。

中华民族是一个重视传统的民族，民间故事的讲述往往被拉进历史文化体系，这种特点突出地体现在中国古代笔记小说、野史，乃至正史对民间故事的记述之中。这些故事的记录者往往在原本虚幻的故事开头或末尾，以真实的口吻添加一些可信的成分，以此加重民间故事的历史感和现实精神，从而把故事当作信史来看待。

中国民间故事多种体裁的交织与融会决定了民间故事功能的多重性。且不说它怎样在历史的进程中进入史学领域，就是在民间文学的领域，民间故事也常常在讲述当中不断吸纳其他体裁的优长，达到有效地表达民众意愿的目的。比如，晋代陶潜《搜神后记》中记叙的《白水素女》是中国“田螺姑娘”故事类型的优秀代表，故事在一开篇就交代“晋安，侯官人谢端……”人物确凿；当田螺精离去，“端为立神座，时节祭祀……今道中素女祠也”，则具有对客观实在物的解释特性。很明显，这是民间传说的特点，也是故事讲述人和记录者历史意识的个性表达。

中国民间故事经过20世纪80年代以来的采录，至今已经搜集到了几百万篇故事文本。这些故事文本究竟形成了多少个类型，目前还没有确切的归纳与统计。相对于世界民间故事的类型研究来说，中国民间故事的类型研究并未引起学者们的足够重视。仅就动物故事而言，在AT分类法中，它的类型只有210个，而中国动物故事的类型则远远超过了这个数目。《中国民间故事集成工作手册》将民间故事划分为动物故事、幻想故事（即“民间童话”）、鬼狐精怪故事、生活故事、机智人物故事、寓言、笑话和其他八大类。每一个类型又包含若干小类，诸如“幻想故事”中有天女下凡、神仙助人、精灵助人、异类婚姻、神奇儿女、奇异助手、魔法和宝物、降妖和变形等；生活故事包括长工地主、工匠斗争、爱情婚姻、巧女、呆婿、奇巧婚配、恶婆、恶夫、恶妇、后母、孝敬老人、三子学艺、勤俭发家、公益义行、师徒关系、勤学、交友、生产经验、处世道德等系列①。由此可见，中国民间故事的类型具有多样性和多层次性的特点。

采录民间故事在中国有着优良的传统，这个传统源于民间故事的讲述和民众对民间故事的重视。早期民间故事采录的主要目的是为文学创作和历史溯源提供翔实的资料，民间故事被纳入文学系统和历史系统，今天人们看到当时的民间故事已不是原本意义上的本真状态了，不过，它还是保留了民间故事的基本轮廓。20 世纪以后，伴随着现代民间文学学科的建立，倡导从科学立场采录民间故事的呼声越来越高，科学的采录方法也渐趋成熟。可以说，20 世纪中国民间故事的成就主要体现在民间故事资料的记录上，这为中国民间故事的理论建设提供了坚实的基础，也成为展示故事多样面貌的最好平台。

20 世纪是中国民间故事采录的一个重要分水岭。此前，对民间文化的科学记录几近空白。在那个重视经典、重视官方文化的时代，一切都是为上层服务，为政治服务。统治阶级把人分为三六九等，老百姓处在社会的底层，处在受剥削、受压迫的境地，他们创造的文化不被珍视，即使有些上层人士或文人搜集和采用民间故事，也明显带有歪曲或歧视的色彩，民间故事的特殊功能和价值得不到充分认识，这就必然导致 20 世纪以前中国民间故事的采录基本没有学科意识，更谈

---

① 《中国民间故事集成工作手册》，中国民间文学集成总编委会，1987 年印，第 157 ~ 160 页。

不上从故事传承和流动的本来状貌来记录和描述。因此，记载下来的民间故事或多或少地会产生歧变或失真，但是，这些记录仍是我们了解中国民间故事流传情况的宝贵材料和基本途径。

我国先秦时期就有史官和文人以简单的文字记述民间故事的风尚。特别是在《尚书》、《周易》、《楚辞》、《山海经》、《穆天子传》、《淮南子》和《史记》等书中保留了丰富的民间故事。到了百家争鸣的春秋战国时期，利用民间故事进行政治游说和思想表达的例证更是数不胜数，《庄子》、《战国策》、《孟子》、《韩非子》、《论语》等就是用故事进行说理的极好范例。加上一些君主有听故事的喜好，如齐宣王、楚庄王等为了能够及时听到诙谐幽默的故事，就在身边豢养了专门说隐语的倡优，这大大助长了民间通过改编故事以隐语寄寓道理的社会风气。

三国时邯郸淳的《笑林》第一次汇总了当时流传的笑话，也是我国最早的一部笑话集。南北朝时期的《搜神记》、《搜神后记》、《博物志》、《述异记》和《续齐谐记》等成为我国许多民间经典故事的最早渊薮，诸如"白水素女"故事、"东海孝妇"故事、"飞升星球"故事等在这个时候已经相当成熟。至于佛经故事《经律异相》的出现，则说明古代印度故事借助佛教传播深入到中国民间社会的事实，自此以后，中国民间故事交互影响的现象越来越深入、越来越全面。隋唐时代，市井生活的不断繁荣、城市经济的空前发展，故事讲述活动变得十分频繁，尤其是脱胎于佛教的"俗讲"，逐渐发展成唐代市民文艺最具影响力的"说话"艺术。这种具有职业素养的"说话"与街头巷尾的日常故事讲述成为当时都市民间文化的一道亮丽风景，极大地推动和催化了乡村民间故事的创作与传播，也刺激了文人重视民间故事的思想倾向。

通过讲唱“变文”，不仅保留了大量的佛经故事，而且加快了这类故事深入民心的速度，如《目连变文》、《太子成道变文》、《伍子胥变文》、《王昭君变文》、《张义潮变文》、《舜子变文》、《孟姜女变文》、《董永变文》等至今还活跃在老百姓的口耳之间。在唐代，记录民间故事最为丰富的还有笔记小说，诸如段成式《酉阳杂俎》、戴孚《广异记》和句道兴《搜神记》以及牛僧儒的《玄怪录》、李复言的《续玄怪录》、玄奘的《大唐西域记》等。这些笔记小说、野史杂录和游记漫笔保存了丰富而生动的故事资料，像“叶限”、“吴堪”、“田章”、“月下老人”、“鼠壤坟”等均有完整详尽的书面记录，构成了中国民间故事发展的重要阶段。

宋代城市建设较唐代有了更大的发展，市民生活富足、工商业兴盛，城市里的“勾栏瓦肆”培育了大量的说话艺人，也形成了风格各异的的说话流派。据文献记载，主要有四家：

说话有四家。一者小说，谓之银字儿，如烟粉、灵怪、传奇。说公案，皆是搏刀赶棒，及发迹变泰之事。说铁骑儿，谓士马金鼓之事。说经谓演说佛书。说参请谓宾主参禅悟道等事。讲史书，讲说前代书史文传兴废争战之事。最畏小说人，盖小说者能以一朝一代故事，顷刻间提破。①

这些流派的说话内容相当多地取材于民间故事，譬如《董永遇仙传》、《姜女寻夫》、《白娘子永镇雷峰塔》等，它们从一个侧面反映了当时民间故事的基本面貌，成为这类民间传说故事发展的重要阶段。

宋代民间故事的记录可以说是中国民间故事最为辉煌的一个时代，以《太平广记》、《夷坚志》等为代表。这些卷帙浩繁的文献将历代故

① 《宋元平话集》，上海古籍出版社1990年版，第898页。

事加以分类汇编，成为中国民间故事辑录的一个里程碑。比如，搜集精怪故事最全的北宋太宗太平兴国年间编纂的《太平广记》卷368～373页专门列出“精怪”一类，所收为器物精怪，其他各类则分别附收精怪故事，如“草木”类末附“木怪”、“花卉怪”、“药怪”、“菌怪”等。

明清时期的农民文化生活仍然以民间说唱、民间游戏和民间讲述为主，此时的内容除了承继先前的鬼狐精怪故事以外，还出现了大量的生活故事和民间笑话。民间故事的讲述也引起越来越多人士的注意和重视。如晚清文人许奉恩曾对家乡安徽桐城一带的民间故事讲述情形做了这样的描述：

其或农功之暇，二三野老，晚饭杯酒，暑则豆棚瓜架，寒则地炉活火，促膝言欢，论今评古，穷原竟委，影响傅会。邪正善恶，是非曲直，居然凿凿可据，一时妇孺环听，不自知其手舞足蹈。言者有褒有贬，闻者忽喜忽怒。事之有无姑不具论，而藉此以寓劝惩，谁曰不宜?①

当时，文人和乡村知识分子常常聚集一起，言今论古，谈精说怪，遂留心辑录：

予今年四十有四，未尝遇怪，而每喜与二三朋友于酒觞茶榻间，灭烛谈鬼，坐月说狐，稍涉匪夷，辄为记载，日久成帙，聊以自娱。②

文人以笔记小说的方式记录了不少民间故事，像王同轨的《耳谈》、蒲松龄的《聊斋志异》、纪昀的《阅微草堂笔记》就是清代此类作品的代表。他们喜爱民间故事，通过各种途径搜集故事文本，并对

① 许奉恩：《兰苕馆外史》，黄山书店1996年版，第16页。
② 和邦额：《夜谭随录》，中州古籍出版社1993年版，第15页。

其进行加工、改造，譬如蒲松龄对民间故事的热爱和利用民间故事进行创作在中国文学史上树立了典范：

情类黄州，喜人谈鬼。闻则命笔，遂以成篇。久之，四方同人，又以邮筒相寄。因而物以好聚，所积益多。①

每当教授乡间，长夜多暇，独舒蒲席于大树下，左敬右烟，手握葵扇，偃蹇终日。遇行客鱼樵，必遮邀烟茗，谈谑间作。虽床第鄙亵之语，市井荒伧之言，亦倾听……晚归篝灯，组织所闻，或合数人之话言为一事，或合数事之曲折为一传，但翼首尾完具，以悦观听。②

蒲松龄尤爱鬼狐精怪故事，他将所见所闻的真实与幻想融会在自己的作品里，从而为保留他所在的那个时代的民间故事作出了突出贡献。

我国文人通过创作记录民间故事是一贯的传统。采录笑话、汇编专集在明清时代成为民间故事的重要活动与特征，如明代冯梦龙的《笑府》《广笑府》《古今笑》、赵南星的《笑赞》、李贽的《山中一夕话》、刘元乡的《应谐录》、浮白斋主人的《雅谑》、江盈科的《雪涛谐史》、陈继儒的《时兴笑话》、乐天笑笑生的《解愠编》、潘游龙的《笑禅录》，清代石成金的《笑得好》、独逸窝退士的《笑笑录》、小石道人的《嘻谈录》、陈皋谟的《笑倒》、游戏主人的《笑林广记》、程世爵的《笑林广记》等。

中国民间故事的采录到明清之际运用了多种手段，采取了多种方式，故事内容也从神灵鬼怪、精魍妖魅走向了实际生活，故事世界呈现出虚幻与现实、灵域与人域胶合一体的格局。生活故事、民间笑话

---

① 朱一玄：《明清小说资料汇编》下册，齐鲁书社1989年版，第1164页。
② 朱一玄：《明清小说资料汇编》下册，齐鲁书社1989年版，第1215页。

等从前较少出现的故事种类受到了人们的关注，成为采录的主要对象。

这种靠记忆代代相袭、口耳相传的散文体叙事文学，因条件的限制，古代的民间故事只能以文字为媒介流传到后世，因此，民间故事讲述中的重要内容和诸多信息随着岁月的流逝越来越稀薄。这些作品几乎从未标明是口头作品的记录，或是经过多大程度的加工，抑或完全是文人的自我创作，因而严重混淆了撰著、转述、加工和采录等民间故事的多种呈现方式，从而使民间故事的鉴别变得相当的重要。这种状况恰恰是中国民间故事采录和发展最基本、最普遍的状貌。

进入20世纪，中国社会发生了巨大变化，新科技革命带来生活质量的提高，新思想运动从城市蔓延到农村，进而引发中国农民从根本上动摇了原有的神权与族权观念，人们追求自由、提倡民主的呼声越来越高，他们期望从本质上变革自己的生活。然而，文化的变迁并非一蹴而就，必须经过长时间的浸染与渗透。因此，在20世纪初期的中国农村，农民的文化生活仍以传统的民间文艺活动为主。

20世纪50年代，一位乡下老太婆说："我十二三岁那会儿，晚上睡不着觉，我妈就给我说故事。她讲一遍，第二天我再给她讲一遍，这就记住了。""你妈听谁说的？""我姥姥。""你姥姥听谁说的？""我老姥姥呀！""这话靠得住？""一点也不假，我妈告给我的。"……果真如此，这些故事至少流行民间百把年了；至多呢，她老姥姥那一代，又不知从哪辈子传下来的呢。① 到了21世纪初期，85岁的故事讲述人孙家香对影响自己故事的人仍记忆犹新：

我出嫁以前，我妈讲得最多，没听到别人讲，我们也不肯出门。我的家来了客，妈就坐着讲。以后我的男人有好多书，他讲给我听，

---

① 孙剑冰：《略述六个村的搜集工作》，载《民间文学》1955年4月号。

就记到些子。我在他那儿听到有薛云贵呀，有朱氏割肝，有白蛇精呀。①

这些故事讲述人的记忆再现了近一个世纪以来中国农村繁荣而兴盛的民间故事讲述现象，再现了这一时段民间文化空前活跃的现实。

20世纪初期，针对我国乡村盛行的故事讲述，学者们开始从学理上探讨民间故事的价值和意义，在科学精神的指引下采录故事文本。这其中首推北京大学的歌谣学运动，随后便是发端于中山大学的民俗学运动。《歌谣》周刊在1923年9月30日第26期上表示：

本会事业目下虽只以歌谣为限，但因连带关系觉得民间的传说故事亦有搜集之必要，不久拟即开始工作……选录代表的故事，一方面足以为民间文学之标本，另一方面用以考见诗赋小说发达之迹。

对民间故事采录的重视带来了相关书籍的出版，诸如张清水的《海龙王的女儿》(1929)，刘万章的《广州民间故事》(1929)，娄子匡、陈德长的《绍兴故事》(1929)，钱南扬的《祝英台故事集》(1923)，吴藻汀的《泉州民间传说》(1929)，肖汉的《扬州的传说》(1928)等数种，此外还有潘汉年等编的《乌龙精》(1926)，孙佳讯采录的《娃娃石》(1929)等。“林兰女士”编辑了近40种民间故事丛书，更是影响了海内外学人对中国民间故事的认识。这个时候，学人们逐渐意识到民间故事忠实记录的重要意义。20世纪30年代，民间文学家刘万章曾说：

民间故事的叙述，总要能够把故事平直地、完满地叙述得逼真，

① 访谈对象：孙家香，访谈人员：林继富、周惠英，访谈时间：2003年10月11日下午，访谈地点：湖北省长阳土家族自治县都镇湾镇庄溪兴隆酒家。

整理人不必把自己的意见参加到故事里面去。①

周作人说得更为明白："歌谣故事之为民间文学须以保有原来的色相为条件，所以记录故事也当同歌谣一样，最好是照原样逐字抄录……大凡科学的记录方法，能保存故事的民间文学和民俗学资料价值。"②

1942年，毛泽东发表了《在延安文艺座谈会上的讲话》，号召广大文艺工作者学习"萌芽状态"的文艺，鼓励他们到基层，到老百姓的生活中去学习民间文艺，搜集民间文艺。于是，在20世纪40年代解放区形成了一股采录民间故事的热潮。"晋绥文艺工作者深入到农村，在农村工作中，逐渐地接近了民间故事，采集与整理工作认真地搞起来。在1945年以后，就接续地出版了《水推长城》、《天下第一家》、《地主与长工》三个民间故事集子。"③

1949年以后，新中国政府十分重视民间文艺。1950年成立的中国民间文艺研究会（1985年改为中国民间文艺家协会），负责组织、协调全国的民间文学工作。采录民间故事的活动成为人们文化工作的重要内容，特别是1954年开展的全国民族识别和民族五种丛书的写作经历了较为深入的田野调查，在此过程中，大量的少数民族民间故事被采录上来，为新中国民间故事的理论建设积累了宝贵的第一手材料。诚如一位学者在1964年的一篇文章中指出的那样：

据不完全统计，十五年来省市以上出版的民间故事集就有五百多种。全国五十多个民族，都发掘了数量不等、各有特色的民间故事。

---

① 刘万章：《记述故事得几件事》，载《民俗》第51期，1929年3月13日。

② 林培庐采编：《潮州七贤故事集周序》，上海天马书店1936年版。

③ 李束为：《民间故事的采集与整理》，见《中华全国文学艺术工作者代表大会纪念文集》，新华书店1950年版。

已经出版的单行本的就有蒙古族、藏族、维吾尔族、苗族、彝族、壮族、朝鲜族、白族、黎族、纳西族、高山族、鄂伦春族、土家族等十几个民族。绝大部分民族都是第一次把他们祖先长期以来精心创造的民间故事，呈现在全国人民的面前。①

这些采录的民间故事成果集中体现在1989年出版的《中国少数民族民间文学丛书故事大系》中，它按民族立卷，共出29种。1995年又在此基础上调整编辑出版了《中华民族故事大系》，全书共分16卷，精选了全国56个民族的神话、传说、故事2500篇，参与讲述、搜集、整理和翻译的人员已达7000余人。

1983年开始设计、1985年大规模启动的《中国民间故事集成》的搜集和编纂工作历经十余年，动员人力数以万计。除大量的手稿、录音等资料散存于各地组织和个人手中之外，还出版了为数不少的县卷本，据不完全统计，共有2000余卷。所收散文体的口头叙事文学作品（包括神话、传说、故事等）具体篇数至今没有详细统计。据1990年全国民间文学集成办公室统计，采录的民间故事达183万余篇。这是一次规模空前的民间故事采录工程，从整个世界的范围来看，也是人民群众文化史上最辉煌的篇章。

在中国台湾，因受大陆民间文学三套集成工作的影响，一些热爱民间文学的人士开始着手搜集、采录和编辑台湾民间文学的资料集，其中民间故事领域里要算陈庆浩、王秋桂于1993年主编的一套《中国民间故事全集》最为显眼。该故事全集达40册，以20世纪近70年海内外出版发表的民间故事为主要选取对象。同时，由胡万川担任总编

① 集成《绚丽多姿的百花园——建国十五年来民间文学作品巡礼》，载《民间文学》1964年第5期。

辑的《台中县民间文学集》26 册，也在 1992 年以后陆续出版。金荣华主持了卑南族、鲁凯族以及金门岛民间故事的采录工作，出版了《台东卑南族口传文学选》（1989）、《台东大南村鲁凯族口传文学》（1995）、《金门民间故事集》（1997）等故事集。

总之，进入 20 世纪，随着民众意识的觉醒、人民地位的提高，以及对民间文化的重视，记录和保护人民群众创作的口头语言艺术成为一项重要的文化工作。五四运动以后，特别是 20 世纪二三十年代，这项工作曾经有过一批相当珍贵的成果。40 年代，由于抗战的原因，这方面的工作受到影响，有些消歇。新中国成立以后，记录、保护工作如火如荼地开展。这期间，参与的人员和组织尽管原则不一，方法各异，采录的质量参差不齐，有时还不免受到时代的局限，但是，他们辛勤劳动的智慧结晶无疑是我们民族文化的宝贵财富。

中国民间故事的分类一直没有得到很好的解决，就拿我国高等院校民间文学教科书来说，民间故事划分为幻想故事、生活故事、民间寓言和民间笑话四类。这四类故事显然具有不一样的侧重点，幻想故事侧重于故事的艺术表现手法，生活故事侧重于故事的内容，民间寓言侧重于故事的意义，民间笑话侧重于故事的效果。也就是说，目前中国民间故事的分类存在标准不统一的问题，这就难免使我们的故事归属出现混乱。为了更为明晰地使每个民间故事“各有归属，并确定它们的包含关系或排斥关系”①，笔者在这里将从神奇故事、动物故事、生活故事和民间笑话四个方面，期望接近民间故事存在的生活逻辑和现实状况，全面系统地介绍中国丰富多彩的民间故事。

---

①【法】爱弥尔涂尔干、马塞尔莫斯著，汲喆译：《原始分类》，上海人民出版社 2000 年版，第 4 页。

# 第一章

# 神奇故事

## 神奇故事的特点

神奇故事是以浓厚的幻想为特征，通过丰富的想象，将神奇因素纳入故事情节、塑造人物、展开叙事的民间口头文学种类。神奇故事的“神奇”可以指人物的行动、人物的经历，也可以指人物的外貌以及导致故事超人间的一切元素，诸如故事里出现的宝物、法术，神秘的故事氛围、背景等。国内外学人对神奇故事的研究已经取得了丰硕的成果，他们根据“神奇”的类别将神奇故事划分为“神奇的对手”、“神奇的亲属”、“神奇的难题”、“神奇的帮助者”、“神奇的宝物”和“神奇的法术”等几个故事群。笔者根据中国民间故事的实际状貌，将民间故事分为神奇的婚姻、神奇的经历、神奇的助手、神奇的鬼怪和神奇的精灵五个故事种类。

神奇故事的“神奇”，在今人看来，并不符合生活逻辑，因此，人们更多地将神奇故事看作是艺术创造的结果。殊不知，这些超人间的“神奇”在原始社会时期就已经产生，并且为原始人的信仰提供了生存的基础，为人们所做的和所想的一切提供了神圣的空间与合法性的证明。进入阶级社会，早期作品所反映的人们的生活、习俗和信念大多以“遗留物”的形式保留下来。神奇故事没有消逝，反而在原来的基础上，充满人性的幻想继续发展。文明社会的生活和思想，包括人与人之间的关系和社会矛盾充盈于神奇故事之中。此时的神奇故事的信仰基础发生了很大的变化，其故事内容也大大地扩展了，原有不自觉的艺术幻想手法变成了自觉的艺术思维，并且逐渐地得到了丰富和完善。

神奇故事常常把普通民众生活中所达不到的愿望、做不成的事情通过幻想的手法和神奇的力量付诸实现。神奇故事中出现的情节、事件和人物，大都带有超自然的性质和超人间的力量。比如，行踪无影、法力无边的老人，形态狰狞可怕的妖魔，美貌超群的仙女、公主，以及外貌怪异而心地善良的蛇郎和青蛙王子等等，他们无处不在而又无所不能。神奇故事的宝物更是琳琅满目，成为故事主人公实现愿望的得力助手，诸如能自动装满食物的宝桶、能敲打出美好东西的如意棒、能凿山开渠的斧头，以及能舀干海水的神瓢、能腾云驾雾的魔靴等。神奇故事的情节更是曲折多变，在每个变化转折的关口，神奇的力量往往成为化腐朽为美丽、从失败到胜利的关键，如被救助的田螺、金鱼、狐狸等变成美丽的姑娘，与勤劳善良的青年农民结婚，过着幸福的日子；会吐金银的石人给好人带来财富，给坏人以严厉的惩罚；狗帮助受虐待的弟弟耕田种地，与恶势力作斗争，等等。这些一个又一个神秘的人物、神奇的宝物和魔法的事物，在正义与邪恶的较量中，在美与丑的转换中显示着巨大的力量、表现出特有的魅力。因此，神奇故事的幻想逻辑源于人们对现实苦难的抗争和对美好生活的追求，源于民众对信仰与文化的根脉相续和情感相依。

神奇故事产生于劳动生活，因此，劳动或与劳动有关的主题在故事里经常出现。一般而言，故事的主人公多是普通劳动者，故事的情节内容源于他们对痛苦现实的不满，对剥削压迫的反抗；源于他们对正直、勇敢、智慧品行的褒扬，对愚昧、卑劣、贪婪的憎恶；寄寓了他们对幸福生活、美好未来的憧憬和向往，以及征服自然、战胜强权、变革现实的强烈愿望和要求。由此可见，劳动既是神奇故事的幻想基础，亦是人类社会理想的基础。在这个意义上，神奇故事反映了劳动人民健康的美学思想和正确的是非观念。

神奇故事的角色人物一般没有确定的姓名，也没有明确的活动空间，如德国的汉斯、英国的约翰、日本的桃太郎，中国汉族的张三、砍柴的、打鱼的等，多是所属民族社会通用的共同名字，或者是表示某种人物性格、状貌、性别、职业等一类的通称。故事叙述的时间往往是泛指，如“很久很久以前”、“以前”、“古时候”等。故事发生的地点也笼统、不确定，常常表述为“在遥远的地方”、“在山的这边”、“河的那边”等。比如，我国广泛流传的一则故事讲：从前有座山，山里有座庙，庙里有个老和尚和一个小和尚，老和尚对小和尚说，小和尚、小和尚，我跟你讲一个故事……这种人物的不固定性、时空的模糊性为故事的变异和转换提供了很大的活动空间，也是神奇故事构成类型化的重要原因。

神奇故事里保留有许多极富幻想色彩、充满浪漫气息的形象和情节。有的故事通过拟人手法，叙述有灵性的动物感恩报德，帮助主人公得到幸福，如《田螺姑娘》、《鹦哥》；有的故事讲述主人公借助魔法和宝物的奇异神力，克服重重困难，实现理想，惩戒恶人，如《羽毛衣》、《银簸箕》；还有形象怪异、本领奇特的孩子作出丰功伟绩，获得美满婚姻或者惩罚坏人，如《枣核儿》、《十兄弟》。故事里的宝物大多为日常事物，它们的神奇性实际是人类对民间知识和社会技能的理想化。这些充满幻想的神奇因素赋予民间故事重要的思想意义和特殊的审美价值。

神奇故事在民众的长期讲述中形成模式化的结构，而曲折波澜的

从前有座山　　　　王丹　摄

故事情节又体现了幻想艺术传统的独特风格，神奇故事以其超凡不羁的艺术手法取胜。表面来看，中规中矩的传统模式似乎与神思飞扬的故事相矛盾，似乎与曲折多变的情节相悖逆，但是，苦难的百姓正是以幻想填充生活的苦痛，以幻想赋予生命的鲜活，以幻想昭示精神的富足，以幻想表达对美好生活的追求。

神奇故事具有相对稳定且比较完整的结构形式，注重事件发生、发展、演变和结局的完整描述，有头有尾地全面叙述主人公的生活史和行为活动，神奇故事常采用“三段式”和“连缀式”的结构法。“三段式”通常表现为一件事情要经过三次反复才能完成，比方主人公遇到三道难题、三次考验、三次历险等。这类故事情节跌宕，生动有趣，如“找幸福”的故事，从在寻找幸福途中的三次承诺，到回家路上三次承诺的实现，三次反复形式一样，但内容却有不同。“连缀式”结构则是故事一个接着一个，前一个故事的结尾引出后一个故事的开头，首尾接合，环环相扣，如中国藏族的《尸语故事》、印度的

《僵尸鬼的故事》和阿拉伯的《一千零一夜》即是典型。

## 神奇故事漫游

中国神奇故事非常丰富，也十分特殊。它一方面根植于深厚的民族文化土壤，另一方面又表现出极强的包容性。中国各民族神奇故事承继了民族先祖神话的古韵、原始信仰的余音，成为民族传统的储蓄池；又凭借浓厚的幻想走向世界，成为民族文化的扩散源。神奇故事表达人类精神的共性使得此类故事具有极强的灵活性，因而常常跨越民族、地域的界限，流播于世界各地。为了清晰地了解中国神奇故事，我将通过神奇的婚姻、神奇的经历、神奇的助手、神奇的鬼怪和神奇的精灵五个方面进行具体的梳理和描述。

### （一）神奇的婚姻

婚姻是人类永恒的话题，也是老百姓日常叙事的重要主题。在神奇的婚姻故事里，叙事的重点各有差异，有的侧重神奇的媳妇，如田螺姑娘型故事和天鹅处女型故事；有的落脚于神奇的丈夫，如青蛙王子型故事等。

1．神奇的妻子

一个勤劳善良的男子在耕田时，捡回一只田螺放在水缸里饲养，自此，田螺趁男子不在家，化身美女为其做饭；男子探明真相后，迫使她与之结婚、生活。这则神奇的田螺与男子的婚姻故事最早记录于西晋束皙所撰的《发蒙记》一书中，距今已有一千七百余年。至魏晋时期，这类故事已逐步定型，晋代文人陶潜所撰《搜神后记》卷五收录的“白水素女”即是典型。

晋安，侯官人谢端，少丧父母，无有亲属，为邻人所养。直年十七八，恭谨自守，不履非法。始出居，未有妻，邻人共愍念之，规为娶妇，未得。端夜卧早起，躬耕力作，不舍昼夜。

后于邑下得一大螺，如三升壶。疑为异物，取以归，贮瓮中。畜之十数日。端每早至野还，见其户中有饭饮汤火，如有人为者。端谓邻人为之惠也。数日如此，便往谢邻人。邻人曰："吾初不为食，何见谢也。"端又以邻人不喻其意，然数日如此，后更实问，邻人笑曰："卿已自取妇，密著室中炊爨，而言吾为之炊耶？"端默然心疑，不知其故。

后以鸡鸣出去，平早潜归，于篱外窃窥其家中，见一少女，从瓮中出，至灶下燃火。端便入门，径至瓮所视螺，但见壳，乃至灶下问之曰："新妇从何所来，而相为炊？"女大惶惑，欲还瓮中，不能得去，答曰："我天汉中白水素女也。天帝哀卿少孤，恭慎自首，故使我权为守舍炊烹。十年之中，使卿居富得妇，自当还去。而卿无故窃相窥掩。吾形已见，不得复留，当相委去。虽然，而后自当少差，勤于田作，鱼采治生。留此壳去，以贮米谷，常可不乏。"端请留，终不肯。时天忽风雨，翕然而去。

端为立神座，时节祭祀，居常饶足，不致大富耳。于是乡人以女妻之。后仕至令长云。今道中素女祠是也。①

该故事大意是说：一位"躬耕力作"的农民谢端拾得一异螺；螺精幻化成女子为之"守舍炊烹"，操持家务；谢端违犯禁忌窥视其本相，迫使螺女离去；螺女留下含有魔力的螺壳，贮米谷可取用不尽；谢端立之为神，时节祭祀，因而致富、成家。故事以今天的福州为背景，表明这个故事早在一千五百多年前就在福建一带广为流传了。至今"田螺姑娘"仍是这一地区常见的故事类型之一，在《中国民间故

① 【晋】陶潜《搜神后记》，中华书局1981年版，第30~31页。

事集成福建卷》及福建省各县市资料本中就辑录了22篇异文。不仅如此，田螺姑娘型故事在我国各地都流传极广，自20世纪二三十年代开始，特别是在20世纪五六十年代，民间文学工作者搜集、整理了大量该类型故事的资料。艾伯华在《中国民间故事类型》中将这类故事置于35号，名为“田螺娘”；丁乃通《中国民间故事类型索引》在编码400C型处命名为《田螺姑娘》。

田螺姑娘故事通常以“少丧父母、无有亲戚”，具有良好品格的孤儿充当男主人公，大致由“拾螺归养”、“化身变形”、“窥视离去”三个情节单元构成。作为江南水乡常见的物种，田螺在人们的印象中亲切可爱，富有灵性，不仅螺肉可食，而且螺壳造型奇特，于是，田螺走入了神奇的故事，成为女性形象的象征。此外，狐狸、老虎、蛇等都可成为故事的女主人公。比如，在湖北省长阳土家族自治县，田螺姑娘故事至今仍是人们喜欢传讲的主要故事之一，只不过这里的田螺姑娘就被演绎成了毛狗子精①，毛狗子精变化人形，与人结亲，受伤后离去，备受人们的同情与怜爱。

故事中，田螺化为少女给心地善良的孤儿做饭，洋溢着浓郁的农家生活情趣。田螺化身显形等大胆想象常常与生活景致巧妙融合，它不是正面叙述螺精如何变幻，而是通过他人的观察和男主人公的眼睛来暗示，这样便在精彩别致的对话到活灵活现的展现之间促成真相大白。这种虚幻与现实相结合的叙事方法在后世的田螺姑娘型故事中被完整地保留下来。

田螺姑娘的离开主要是因为男主人公“无故窃其窥掩，吾形已见，不宜复留，当相委去”。动物异类原本来自一个完全不同于人间的世界，只有在幻化人形不为所知的情况下，她们才能和谐地生活于普通

---

① 毛狗子：狐狸。

人中，一旦为人察觉，就得返回原来的地方。“不得窥探原形”的古老禁忌是很多同类型故事的核心情节，而男主人公无意间违犯禁忌，致使悲剧发生，实际上是人类不得不打破幻想，面对现实的曲折反映。

田螺姑娘型故事到了唐末为之一变。皇甫氏《原化记》中，田螺姑娘故事的男主人公易名为吴堪，篇名也改为《吴堪》。这位吴堪跟谢端一样“少孤，无兄弟”，是个单身汉，虽在衙门当差，亦孤苦无依。故事中，吴堪从水滨拾得一白螺，畜养在家。白螺化身少女，为之执炊，操持家务。虽然同样被男主人公窥视本相，但这里螺女没有离去，而是与吴堪结为夫妻，相亲相爱地过起了日子。最值得注意的是，本篇故事随后叙说了豪强霸道的县官见吴堪之妻貌美如花，便企图借故强占，螺女同县官斗智斗勇，惩戒恶人的情形。吴堪故事出自“常州义兴”，今江苏省宜兴县。自古以来，江浙一带就是盛传螺女故事的地区。在《中国民间故事集成》江苏卷和浙江卷以及地方资料本中，就收录有40个县市的近50篇此类故事异文。

田螺型姑娘故事在我国不少地区和民族当中传诵，代表性的文本有福建的《田螺娘子》、《田螺姑娘》，江苏的《蚌壳精》，浙江的《田螺姑娘》、《蚌姑娘》，四川的《螺蛳姑娘》，朝鲜族的《田螺姑娘》，达斡尔族的《江蚌姑娘》，高山族的《螺蛳变人》，毛南族、布朗族、布依族、壮族的《螺蛳姑娘》。这些故事既与晋唐时期的文本一脉相承，又发生了多姿多彩的变化。中国的田螺姑娘型故事常常与其他类型的故事粘接，形成内容更为复杂的故事，如贵州布依族的《螺蛳姑娘》与狗耕田型故事结合，广西毛南族的《螺蛳姑娘》与百鸟衣型故事链接等。

纵观田螺姑娘型故事，贫穷、善良的孤儿赢得了螺女真挚的爱情，并改变了他的生活。一开始具有神性的田螺姑娘扮演的是“奇特女佣人”的角色，这位出身卑微、性格温顺、勤恳善良，渴望得到丈夫和世人尊重的下层百姓妻子的形象与田螺本身的生活习性密切相关。当女主人公被窥探本相，遭到凌辱时，婚姻的破裂就在所难免了。到了唐代，在同邪恶势力作斗争的过程中，螺女又被塑造成智勇双全、机巧过人的“女强人”形象。田螺姑娘故事就是在曲折委婉的叙述中，表达人们对美好婚姻家庭生活的热烈向往和对社会邪恶力量的坚决斗争，因而，其中情感与智慧、平凡与神奇交相辉映，广为各族民众所津津乐道。

神奇的妻子美丽聪慧，神力无边。故事因她们的神奇而精彩，也因她们的神奇而悲伤，天鹅处女型故事中的仙女妻子就是这样一位女性。

天鹅处女型故事是指以男子通过取走女子羽衣的方式而得妻为核心母题的神奇婚姻故事。该类型故事在世界许多国家和地区广泛流传。在我国，天鹅处女故事又称“毛衣女”、“羽衣仙女”、“天鹅女”、“孔雀公主”等，其变异形式特别丰富，大家熟悉的牛郎织女传说就是这个故事的一种变异形态。天鹅处女故事的雏形虽然在我国出现较早，但相对完整的文献记载则见于晋朝干宝的《搜神记》和郭璞的《玄中记》中，兹录全文如下：

豫章新喻县男子，见田中有六七女，皆衣毛衣，不知是鸟。匍匐往，得其一女所解毛衣，取藏之。既往就诸鸟。诸鸟各飞去，一鸟独不能去，男子取以为妇，生三女。其母后使女问父，知衣在积稻下，得之，衣而飞去。后复以迎三女，女亦得飞去。[①]

姑获鸟昼飞夜藏，盖鬼神类，衣毛为飞鸟，脱衣为女人。一名天帝少女，一名夜行游女，一名钩星，一名隐飞。鸟无子，喜取人子养之，以为子。今时小儿之衣不欲夜露者，为此物爱，以血点其衣为志，

① 【晋】干宝著，汪绍楹校注：《搜神记》，中华书局 1979 年版，第 175 页。

即取小儿也。故世人名为鬼鸟，荆州为多。

昔豫章男子，见田中有六七女人，不知是鸟，匍匐往，先得其毛衣，取藏之，即往就诸鸟。诸鸟各去就毛衣，衣之飞去。一鸟独不得去，男子取以为妇，生三女。其母后使女问父，知衣在积稻下，得之，衣而飞去。后以衣迎三女，三女儿得衣亦飞去，今谓之鬼车。”《玄中记》①

故事中，豫章男子藏毛衣得妻，母题是天鹅处女型故事的核心，该母题与毛衣女婚后想尽办法刺探羽衣的隐藏处，得羽衣后离家飞走，后来又将子女接走的母题黏合，构成为中国天鹅处女型故事的基本结构形式。男子窃取毛衣女衣裳的过程，实质上隐藏着男子偷窥毛衣女的情节单元，像这类因偷窥而得妻的母题在中国民间故事中经常出现。田螺姑娘因秘密被农夫发现而化作人妻，天上仙女也因秘密被放牛郎窥见而留在人间。这种有趣的故事情节既体现了人与异类的差别，也由二重世界之临界点的违禁而被打破，进而发生巨大转变。

到了唐代，天鹅处女型故事数量丰富，变体种类增多，其中以敦煌石窟出土的句道兴本《搜神记》中载录的《田章》故事最为典型，该故事讲：

田昆仑家贫，未有妻室。禾熟时往田行，见三只白鹤化成的美女在自家池塘洗浴。田昆仑攫得最小者之天衣，挟以为妻。田昆仑带其归家见母，设席以成婚姻。婚后产子名田章。后田昆仑被征去服兵役，临行前，嘱咐母亲不得把天衣交给天女，否则一去不返。天女在田昆仑走后屡次向阿婆索看天衣，阿婆终于拗不过便同意，天女得衣后即腾空而去。田章日夜啼哭寻母，董仲先生知其是天女之子，告诉他某日中时三个天女到池边割菜，低头装作不看他的就是他母亲。田章依

---

① 鲁迅著：《古小说钩沉》，《鲁迅全集》第8卷，人民文学出版社1973年版，第492页。

计而行，在池边找到母亲。天女见儿后，悲啼泣泪，将董仲带到天上。天公怜悯外孙，教其方术技能。十五岁时授之以文书八卷，令其下凡。田章下凡后，天下所有闻者，皆得知之，三才俱晓。天子召之为宰相，后因犯事被发配至西荒之地。后天子游猎时，射得一鹤，嗉内得一小儿，长三寸二分；后又得一板齿，亦长三寸二分。天子问众臣，众臣皆不识，乃召田章问之。天子问其大人小人、大声小声、大鸟小鸟，田章一一解答，于是拜其为仆射。天下子民始知田章乃天女之子。①

显然，句道兴《搜神记》所记田昆仑的故事，融合了“天女”和“田章”两种故事而逐渐形成。随后，天鹅处女型故事越来越丰润。直到今天，在我国汉族、藏族、瑶族、东乡族、裕固族、蒙古族、苗族、满族、彝族、侗族、傣族、壮族、布依族、水族、土族、撒拉族、拉祜族、毛南族、黎族、达斡尔族、朝鲜族、鄂伦春族、赫哲族、锡伯族、回族、仫佬族、畲族、珞巴族、哈尼族、阿昌族、傈僳族、哈萨克族、纳西族等33个民族中都流传有天鹅处女型故事。对于这些故事，漆凌云博士曾将其分为始祖类天鹅处女型故事，即主要讲述天鹅仙女所生后代成为部落祖先的故事；得妻类天鹅处女型故事，主要讲述仙女如何变成凡人的妻子，这类故事是中国天鹅处女型故事中数量最多、结构最繁杂的类型，也是天鹅处女型故事最为成熟和定型化的类型；寻母类天鹅处女型故事，往往和名人传说相复合，形成巫师指引型故事；与其他型式的故事相复合，形成比较稳定的难题型故事。②

关于我国丰富多彩的天鹅处女型故事，不少学者指出它的源头就在中国本土。日本学者君岛久子认为：“《毛衣女》的产生地——豫章，六朝时原是苗族和瑶族聚居的地方。因此，此故事最早当是苗、

① 《敦煌变文集》（下册），人民文学出版社1957年版，第682～685页。

② 漆凌云：《天鹅处女故事研究》（博士论文），北京师范大学研究生院2005年。

瑶族故事，在长期历史发展中得到传播。它不只是中国此类故事的故乡，也是东方此类故事的发祥地。"① 也有学者认为，天鹅处女型故事最早源于印度，随着佛教的传播和文化的交流而流传开来。该类型故事最早在公元1世纪~2世纪，用印度梵文写成的《玛哈瓦斯特》中的作品《鸟》就有记载。类似的故事，从公元8世纪起，就在蒙古、西藏、老挝、泰国和中国南部广为流传。

2. 神奇的姻缘

"水晶鞋"、"十二点的钟声"，看到这些字眼，大家一定不会陌生，一定会想到《格林童话》中一位社会底层女子获得英俊王子浪漫爱情的美好的故事。美国民俗学家斯蒂汤普森曾指出："也许全部民间故事中最著名的要算《灰姑娘》了。"② "灰姑娘"题材的民间故事在世界范围内广为流传，其数量之多，流播地域之广，故事情节之生动，影响之深远，是其他民间故事无法媲美的。

在中国，唐代段成式志怪笔记小说《酉阳杂俎》中记载的《叶限》篇中的主人公叶限就是中国古代的"灰姑娘"，也是现存世界上最早关于灰姑娘故事完整的文字记载。

南人相传，秦汉前有洞主吴氏，土人呼为"吴洞"。娶两妻，一妻卒，有女名叶限。少慧，善淘金，父爱之。末岁父卒，为后母所苦，常令樵险汲深。时尝得一鳞，二寸余，赤鳍金目，遂潜养于盆水。日日长，易数器，大不能受，乃投于后池中。女所得余食，辄沉以食之。女至池，鱼必露首枕岸。他人至，不复出。其母知之，每伺之，鱼未尝见也。因诈女曰："尔无劳乎？吾为尔新其襦。"乃易其弊衣。后令

---

① 转引自刘守华著：《中国民间故事史》，湖北教育出版社1999年版，第284页。

② 【美】斯蒂汤普森著，郑海等译：《世界民间故事分类学》，上海文艺出版社1991年版，第151页。

汲于他泉，计里数里也。母徐衣其女衣，袖利刃，行向池呼鱼，鱼即出首，因斫杀之。鱼已长丈余，膳其肉，味倍常鱼，藏其骨于郁栖之下。逾日，女至向池，不复见鱼矣，乃哭于野。忽有人披发粗衣，自天而降，慰女曰："尔无哭，尔母杀尔鱼矣！骨在粪下。尔归，可取鱼骨藏于室，所须，第祈之，当随尔也。"女用其言，金玑玉食，随欲而具。

及峒节，母往，令女守庭果。女伺母行远，亦往。衣翠纺上衣，蹑金履。母所生女认之，谓母曰："此甚似姊也。"母亦疑之。女觉，遽返，遂遗一只履，为洞人所得。母归但见女抱庭树眠，亦不之虑。其洞邻海岛，岛中有国名陀汗，兵强，王数十岛，水界数千里。洞人遂货其履于陀汗国。国主得之，命其左右履之，足小者履减一寸。乃令一国妇人履之，竟无一称者。其轻如毛，履石无声。陀汗王意其洞人以非道得之，遂禁锢而拷掠之，竟不知所从来。乃以是履弃之于道旁，即遍历人家捕之，若有女履者，捕之以告……陀汗王怪之，乃搜其室，得叶限，令履之而信。叶限因衣翠纺衣，蹑履而进，色若天人也。始具事于王，载鱼骨与叶限俱还国。其母及女即为飞石击死。洞人哀之，埋于石坑，命曰"懊女冢"。洞人以为媒祀，求女必应。陀汗王至国，以叶限为上妇。

一年，王贪求，祈于鱼骨，宝玉无限。逾年，不复应。王乃葬鱼骨于海岸，用珠百斛藏之，以金为际。至征卒叛时，将发以赡军。一夕，为海潮所沦。

成式旧家人李士元所说。士元本邕州洞中人，多记得南中怪事。[1]

《叶限》讲的是失去父母、备受继母虐待的女孩叶限在艰苦劳动时"得一鳞，二寸余，赤鳍金目"，她每天用省下的食物喂养。鱼长

① 【唐】段成式：《酉阳杂俎》，中华书局1981年版，第200页。

得很快，最后不得不从盆中移到后园池中。鱼通人性，“女至池，鱼必露首枕岸，他人至，不复出”，这条奇特的鱼成了叶限孤苦伶仃生活的唯一慰藉。但狠心的继母连这点欢乐都给剥夺了，她设计骗杀了鱼，并吃了鱼肉，藏了鱼骨。找不到鱼的叶限在野外痛哭时，得到从天而降的神人的指点，知道了鱼骨有求必应的神异功能。她顺利找到了鱼骨，将鱼骨藏于室内，从此“金玑玉食，随欲而具”。适逢当地的“峒节”，叶限“伺母行远，亦往”，且“贵服华裳，色若天人”，成了峒节上最受瞩目的人物，引起继母及其女儿的怀疑。为了避免身份暴露，叶限在慌忙逃回家时，不慎丢失了一只绣鞋。此鞋辗转为陀汗国国王所获，最后国王以试穿的方法找到鞋的主人，“载鱼骨与叶限俱还国，其母及女即为飞石击死”，而叶限则被国王尊为“上妇”。段成式在记述的开篇便交代了故事的发生地“吴洞”，据学者考查，这就是今广西壮族自治县的扶绥。又因故事的讲述者李士元为“邕州洞中人”，据此判明它是一则唐代流行的壮族故事。①

灰姑娘型故事的主题是心地善良却生活苦难的女子最终获得爱情与地位。故事的矛盾在继母和非血亲子女之间展开，亲生母亲亡故使得继母介入到女主人公的生活中，由此打破了原有家庭血缘纽带的稳定。非血缘关系不仅疏离了家庭成员之间的情感，更造成了有关财产和地位的纷争，必然致使继母排斥非血亲的他生子女。“残忍的后母，禁忌、魔术，有关动物、恶魔、巫婆、精灵和矮仙的谈论——这些都是故事讲述者随意取舍的角色和场景的共同库存品。”② 又由于中国的传统家庭女性没有继承权，因而，生母已亡、受人供养的女孩地位更

---

① 蓝鸿恩《〈灰姑娘〉和〈达架〉》，见《广西民间文学散论》，广西人民出版社 1981 年版。

② 【美】斯蒂汤普森著，郑海等译《世界民间故事分类学》，上海文艺出版社 1991 年版，第 527 页。

为低下。受虐待女子最终命运的改变只有通过婚姻的完成才能实现。后世的灰姑娘型故事中，丈夫的身份为王子、公子、王爷、状元乃至皇帝等，他们都是地位与金钱的象征。灰姑娘命运的奇迹般变化满足了人们的愿望，抒发了民众渴望爱情平等的美好情感。

在故事中，灰姑娘婚前所受的种种磨难极有可能是成年考验的象征形式。进入少年期的灰姑娘可以视为成年仪式的受礼者，作为虐待者的继母则是仪式的执行者。《叶限》中叙述得很简单："为后母所苦，常令樵险汲深。"白族《达架的故事》[①] 说，继母对女主人公百般虐待，每天除让她挑水打柴之外，还要她在放牛时绩一斤麻，如绩不了麻，回家就不给饭吃。壮族《达稼达仑》[②] 中，女主人公不仅要做各种活计，而且还备受继母刁难，比如要她把搅和在一起的芝麻、黄豆分清，用漏桶挑满三缸水。从种种难题考验中，可以看出女主人公是在服从和学习女性承担的社会角色和家庭职责，包含知识的获得和肉体的折磨。只有通过这些考验，才有资格进入社会。故事中出现的帮助者——鱼、鸟、神人或母亲灵魂的化身等——帮助女主人公解决困难，表明她已经逐渐为社会所承认和接受。经过一系列的磨难后，女主人公通过身份的验证，与丈夫结婚无疑是她成年最重要的标志。所以，这是一个关于少男少女成年考验的故事。

灰姑娘型故事经久不衰，传讲不绝。以灰姑娘形象及其经历为题材创作而成的动画片、电影、电视剧作品也不计其数，它们表达着人们对美好爱情和幸福生活的向往，承载了民众内心爱与被爱的情感需要，形成深藏于老百姓内心的"灰姑娘情结"。

---

① 《达架的故事》，见《中华民族故事大系壮族》第 3 卷，上海文艺出版社 1995 年版，第 473 ~ 486 页。

② 《达稼达仑》，载《民间文学》1957 年第 8 期。

3. 神奇的丈夫

现实的人兽婚恋让人恐怖、害怕，文学的人兽之恋则亦真亦幻，令人心动。我国民众特别钟情、也很善于运用艺术的手法叙述人与异类通婚的故事，除了神奇的妻子外，还有奇异的丈夫，尤以蛇郎故事中的蛇丈夫和青蛙丈夫故事中的青蛙丈夫为代表。

一位父亲有几个女儿，一天，父亲出门，为蛇精所困或得到它的帮助，便答应将一个女儿嫁给蛇；蛇郎上门求亲或父亲回来询问女儿，姐姐拒绝，只有小女儿愿意嫁给蛇郎；小女儿与蛇郎成亲后，生活幸福、富裕，姐姐心生妒忌，害死妹妹，以己代之；妹妹灵魂不死，变成鸟、树、竹等事物，一次次与姐姐进行斗争；最后骗局被戳破，姐姐落得个可悲的下场，妹妹与蛇郎团圆。

蛇郎故事情节曲折波澜，大致可分为几个阶段："开头"交代故事展开的条件；"婚配"，男女主人公的结合是最理想的状态，为进一步打破理想和惩罚谋害者的情节提供前提；"谋害"，谋害正面主人公，打破理想的状态，造成虚假的平衡；"斗争"，谋害者和正面主人公多次较量，真善美同假丑恶反复斗争；"结局"，谋害者受到惩罚等。故事每一个情节关扣神奇莫测、出人意外。但是，细节上又充满日常生活情趣，显得真切自然。蛇郎故事在丁乃通先生编撰的《中国民间故事类型索引》中被定位为AT433D"蛇郎"。蛇王子的故事广泛分布于欧洲、非洲、北美、拉丁美洲等地，东亚地区的蛇郎故事分布圈则包括中国境内、朝鲜以及中南半岛的越南、缅甸等民族和国家。中国蛇郎故事数量极其丰富，我国各省区、各民族均有流传。目前就全国而言，此类型的故事当有数百种异文发表。

中国蛇郎故事究竟起源何时，没有可供依凭的文献，但是，蛇郎故事与古代的信仰密切相关似乎透露了该类型故事来源的古老。如台湾卑南人的《蛇郎君》[1] 中讲：大南村有一位漂亮少女，很多头目的男孩向她求婚，她都不接受，因为她爱上了一条蛇。后来蛇向少女的父母提亲，把少女娶回家去。蛇的家在深山的一个湖里，他们生了很多鸟、蛇等动物，于是世界上就有了各种禽兽。这则故事里的蛇极有可能与古代越人崇蛇信仰有关。云南白族、怒族崇蛇的氏族中流传着视蛇为始祖的传说故事。白族《三姑娘和蛇氏族》[2] 里讲：三姑娘上山割茅草，嫁给了一条青蛇，生下了十几个孩子。阿妈帮她带孩子，不小心用开水烫死了这些蛇孩子。后来，三姑娘又给蛇郎生了两个儿子，一个叫李保，一个叫李少。两弟兄都有好几个儿子，有的说怒族话，有的说傈僳话，还有的说别的话，他们就叫蛇氏族。这类始祖型蛇郎故事形态古朴，为后世蛇郎故事的发展奠定了基础。

除此之外，还有不少民族或地区有祭祀蛇的古老习俗。大家熟知的《李寄斩蛇》，就是因为闽中某山谷中的一条大蛇，“土俗常惧”，人们每年要给它奉献十二三岁的少女，“至八月朝祭，送蛇穴口”，为蛇所吞食。李寄奋力斩蛇，废除了这一陋俗。

处在信仰阶段的蛇郎故事以蛇为中心，当蛇郎故事构成审美叙事以后，故事的中心从神奇的蛇身上转移到两姊妹之间的斗争。“嫁蛇”是故事真正的开始；“斗争”从被害者死后变形为鸟开始，鸟又被害死，或烧吃或掩埋或遗弃；死鸟再次变形，表现形式从动物、植物到各类器物，其目的均在于对谋害者进行斗争和复仇。故事以女主人公为主线，展开了一切联系于她的内容，从穷变富、连续报复、回复人形、团圆等情节，无不暗示着女主人公的人生命运的坎坷，承担苦难的决心与勇气，以及对美好生活的无限向往。

---

① 金荣华整理《台东卑南族口传文学选》，中国文化大学 1989 年版，第 165 页。

② 《白族民间故事》，云南人民出版社 1982 年版，第 84 ~ 86 页。

妹妹因为救父而甘愿嫁给蛇郎，没想到蛇郎容貌英俊、家境富裕，妹妹由此得福，引来姐姐的嫉妒，姐姐歹毒地害死妹妹，自己取代成为蛇妻。妹妹死后不断变幻，魂附诸物，分别对姐姐报复，最后因机缘得以回复人形，与蛇郎团圆。妹妹的冤魂通过变形对恶毒的姐姐复仇，宣泄了老百姓积压已久的悔怨情绪；表达了俗众对幸福生活的强烈渴求。连续变形情节，对女主人公而言，俨然是生命历程的关键，她经受磨难、成长、死而复生的过程，充分显示了老百姓把握人生关口而促使命运转变的审美理想。

蛇丈夫在故事中所占分量不重，但他是故事发展的重要因素。故事的争斗因蛇而起，姐妹的美丑因蛇而异，斗争的结局因蛇而终。蛇郎故事寄寓着老百姓关于幸福的诠释，而非对异类的恐惧，这就成为蛇郎现实化转换的内在逻辑机制。因此，蛇丈夫的意象被简约为“带给女主人公幸福”的象征，于是在结构上，蛇郎故事很容易与意义相近的灰姑娘型故事复合。蛇丈夫替换成秀才或社会高层的年轻男子，标志着女主人公从贫穷、受苦的社会底层的家庭中解脱出来，进入另外的生命历程，凸显了经济条件的改变对于女主人公生活状态的影响。

但是，好命的女主人公进入较高社会地位的家庭后，并非一帆风顺，反要屡遭变故，经历打击与挫折。这个过程愈是艰辛，愈是复杂，就愈加显示出“为人妻”的艰难，不单是一位好女儿就可以胜任的，还须展现对丈夫的亲近、帮助、贴心，才足够完成作为中国妻子的角色。所以，在与恶势力斗争的同时，女主人公还要殷切地向丈夫“积极性的示好”或“消极性的诉苦”，这一关键性情节是中国蛇郎故事不变的原型。传统中国重视“成妇”之道，妇女“成丈夫之名、尽为妇之道”，这种“以夫为重”的倾向正是蛇郎故事女主人公历经苦难、连续变形、死而复生的情节包含的象征意涵，藉此呈现女主人公不断努力，维持良好夫妻关系的不懈坚持与良苦用心。女主人公经过调整心态、历经挫折冲突与认清定位之后，顺利完成了“成妇之道”的生命转换，以新生姿态，实现未来以婚姻家庭为重、以夫为尚的人生意义。

“青蛙丈夫”故事讲述的是久婚不孕的夫妇生下青蛙，十分沮丧。但蛙儿来到人间，具有人的思想情感和超人的能力。他帮助父母做事，以哭、笑、跳等方式威慑对方，或以解难题的方式娶到了善良美丽的姑娘。当自己由蛙变人的秘密被人知道后，青蛙丈夫或生或死，或走或留。德国学者艾伯华在《中国民间故事类型》一书中就归类有“43. 蛤蟆儿子”，并将该类型故事分解为六个情节。[①] 美籍华裔学者丁乃通在AT分类法的基础上，将这类故事命名为440A“神蛙丈夫”，把中国同类型故事用“生子”、“许婚条件和婚姻”、“其他功绩”、“解脱魔域”、“登位”五个情节单元来概括。[②] 到目前为止，已经搜集到的“青蛙丈夫”故事异文广泛分布在我国汉、赫哲、鄂伦春、朝鲜、满、蒙古、回、维吾尔、锡伯、哈萨克、裕固、土、藏、羌、彝、纳西、白、哈尼、瑶、壮、黎、畲等民族生活的大片地区。根据这些异文，青蛙丈夫型故事存有三种不同情况：

第一种是主动型，即讲述姑娘或家人窥探到青蛙的秘密后，主动提出与青蛙联姻。吉林的《蛤蟆儿》[③] 故事这样讲：老两口在娘娘庙会上祈神，不久生了个蛤蟆儿，老头子一气之下离家出走……蛤蟆儿长大去找爹，店主三姑娘在黑夜发现蛤蟆儿原来是一位英俊的青年，决意嫁给他。嫁过门的姑娘趁青蛙丈夫熟睡之时，将他的蛙皮丢进火

① 【德】艾伯华著，王燕生等译：《中国民间故事类型》，商务印书馆1999年版，第83~84页。

② 【美】丁乃通著，郑建成等译：《中国民间故事类型索引》，中国民间文艺出版社1986年版，第129~132页。

③ 《蛤蟆儿》，《中国民间故事集成吉林卷》编辑委员会编《中国民间故事集成吉林卷》，中国ISBN中心1997年版，第465~466页。

赐子石神庙　　　　林继富　摄

坑烧掉，从此，蛤蟆儿再也无法变成蛤蟆，他们的日子也越过越红火。主动型“青蛙丈夫”故事的共同点是：妻子求神灵生下蛙儿，丈夫备感难堪，独自外出生活，母子二人相依为命；蛙儿长大，不仅凭借自己的智慧找到了父亲，而且迎娶了美丽善良的媳妇。故事中处处闪烁着我国北方文化的特点：娘娘庙会、经贸商贾，以及姑娘的大胆、泼辣和直率是我国其他地区同类型故事所没有的。

第二种是威胁型，它叙述青蛙显现神力威胁女方父母，达到求娶的目的，代表性篇目有藏族的《青蛙骑手》、纳西族的《青蛙伙子》、傈僳族的《青蛙伙子》、哈尼族的《蛤蟆讨媳妇》、彝族的《青蛙仙子》、湖北汉族的《绿袍小将》等。威胁型“青蛙丈夫”故事集中分布在我国西部少数民族，它一般有媒人形象、赛马情节以及对青蛙皮作用的张扬。比如，《癞疙宝讨媳妇》[1] 讲：龙王为感谢一辈子做好事的老两口，将三太子派到人间，做了他们的青蛙儿子；蛙儿出生即帮父母做家务，长大后以哭、笑、跳威胁南方国王，国王迫于压力，只好将三公主嫁给他；三公主来到青蛙家，在赛马会期间，发现了青蛙原来是一位英俊的男子；高兴之余将青蛙皮烧了，失去蛙皮的丈夫再也没有神奇的本事。在萨满教盛行的北方阿尔泰语系诸民族中，还有以起死回生的神奇力量步步威逼，迫使女方父母应允婚事的情节，如新疆蒙古族的《青蛙王子》、赫哲族的《蛤蟆儿》、锡伯族的《青蛙儿子》等。

第三种是考验型，它说的是青蛙儿子要想娶到富贵人家的女儿，必须完成她父亲索要的聘礼，小小的青蛙轻而易举地办到了。这类故事的代表性篇目有景颇族的《青蛙娶亲》、白族的《青蛙讨媳妇》、仡佬族的《青蛙讨媳妇》、苗族的《青蛙儿子》、畲族的《蛙崽成亲》等。这里，姑娘父亲所出的难题除了考验青蛙一般的生活能力外，还考验其力量、品德等。如有的要青蛙舂碓、砍树、扛大石，有的要三斗瓜子金、三把龙胡子、三颗夜明珠，有的要一只金脸盆、九十节的竹子、九十九拃长的头发、一把老虎肋骨，有的要一百头牛、一百匹马、一百支枪、一百床金丝被，有的要金盘银碗、山头大的糯米粑粑、水塘大的一缸酒，有的要一斗二升瓜子金、二十四个宝珠等等。这些事情于常人而言是难以办到的，但青蛙凭借自己的能力通过了考验，迎娶到理想的伴侣。“青蛙丈夫”考验型故事主要分布在我国南方，尤其是西南少数民族地区。故事不仅处处充盈着南方山地文化的特点，而且以“考验”为核心结构故事与西南少数民族盛行的婚前考验习俗密切相关。

---

① 《癞疙宝讨媳妇》，见《中国民间故事集成四川卷》编辑委员会编《中国民间故事集成四川卷》（下），中国 ISBN 中心 1998 年版，第 1025 ~ 1027 页。

石神台　　　林继富　摄

当然，作为一种优秀的民间故事类型，它在反映大众多样化审美倾向的同时，还遵循着历史文化流变的规律，在“青蛙丈夫”故事中“威胁与考验”相结合的叙事方式就颇具文化意味。青海土族的《莫日特巴蛙》、四川藏族的《青蛙儿子》等故事的前半部分是叙述青蛙显神力威胁对方，对方惧怕，但又不得不遵守民族的婚俗惯制，于是就提出索要聘礼，这就出现了“难题考验”母题。威胁与考验相结合的“青蛙丈夫”故事一般分布在民族交往频繁或民族交叉杂居的边缘地带。它在传承本民族古老故事的同时，又不失时机地吸收周边民族同型故事的文化，将外族故事民族化、外域故事本土化，从而为该类型故事提供新的发展契机。

青蛙丈夫型故事赢得民众的喜爱得益于故事具有深厚的民俗信仰基础，以及它所反映的思想与百姓的审美心理相契合。在中国“青蛙丈夫”的故事中，蛙儿的诞生十分离奇。无子的老两口急盼生子以期承传香火，然而生下来的却是怪异的青蛙儿。就是这样一个青蛙儿，也少不了父母千百次虔诚的祈祷与呼唤。老两口祈子的目的除了解除生活的寂寞、凄苦外，更重要的是传续后代，因此，蛙儿的“怪异诞生”成为故事发展的基调，富有浓厚的伦理孝道思想。

神奇婚姻作为青蛙丈夫型故事的核心，寄寓了我国民众的审美思想。青蛙外表丑陋，但他勇敢、勤劳、善良、孝顺，并且具有超人的胆识和力量，这些特点不自觉地转移了民众的审美视线，注重“青蛙丈夫”的美好品格。相形之下，青蛙媳妇具有迷人的外表。“当三个公主都出现时，青蛙被幺女的美貌惊呆了，她弯弯的眉毛，大大的眼睛，高高的鼻梁，樱桃小嘴，白白的皮肤，杨柳般的腰肢，而且心地善良。”① 男性力量无穷、才华横溢、足智多谋，女性惊艳无比、朴素大方，这无疑是中华民族“郎才女貌”审美观念的具体表现。青蛙与美女的结合神奇而神秘，但其求婚、说媒、迎娶、入洞房等过程仍是在世俗婚姻的规程中完成，饱含着中华民族丰富多彩的婚俗内容。同

① 《青蛙仙子》，见《中国民间故事集成四川卷》编辑委员会编《中国民间故事集成四川卷》（下），中国 ISBN 中心 1998 年版，第 867 页。

时，相貌丑陋的青蛙能迎娶到最善良、最美丽的姑娘，则暗示着故事讲述者对弱小、卑贱者的同情。

青蛙之所以成为丈夫，以及青蛙丈夫既是人又是神的特性得益于它的“蛙皮”。他穿上蛙皮是神，脱下蛙皮是人。因此，作为妻子和“丈夫”追求的终极目标就是如何将“蛙皮”脱去。但“蛙皮”是青蛙丈夫强有力的保护伞、护身符，一旦“蛙皮”遭到破坏，将殃及青蛙丈夫的安全。“她做饭时，趁丈夫没注意，把丈夫藏在柜底下的原形蛙皮，丢进了烧得正旺的火坑里。”“此刻她听丈夫嗷嗷两声惨叫。她跑进里屋一看，丈夫已经气绝身亡。”看来“蛙皮”绝非生物意义的蛙皮，而是具有神奇的巫术功能。“蛙皮”在“青蛙丈夫”型故事中是联结“青蛙”与“丈夫”、神与人的唯一纽带。虽然“蛙皮”作用非同一般，但并不是无法消解的。当听到迎接姑娘花轿的锣鼓声，“青蛙扑通一下，跳到装满开水的盆子里，厚厚地脱了一层皮，变成了一个漂亮的小伙子。”[①] 具有禳灾、解毒、除污、驱恶功效的“水”实现了这一安全转换，有的则通过姑娘的泪水或得到姑娘的爱情来完成，这在很大程度上是对人间情感的认可与考验。

青蛙丈夫型故事与地域文化紧密相连，从而外化为浓烈的民族性和地方性。如山西朔县的《蛤蟆儿》中，当“人们看戏走了，蛤蟆儿把皮一脱，坐在那里，拿上水烟袋，抽起水烟来”[②]，好一个活脱脱的北方农民汉子的形象。四川九寨沟藏族则用“青蛙丈夫”故事解释当地风物。故事讲青蛙丈夫扎如扎尕为了娶到土司女儿娥洛色莫，答应给干旱的田野村寨带来清泉，他从沟头跳到沟口，一共跳了108次，

---

① 《青蛙儿子》，见湖北京山县民间文学集成办公室编《京山县民间文学资料汇编》，第79页。

② 《蛤蟆儿》，见山西朔县民间文学集成编委会编《朔县民间故事集成》（内部资料），1986年印，第291～296页。

沟里就出现了108个海子，海水清冽透明，哗哗流淌；娥洛色莫来到九寨沟头变成秀丽的雪山，用圣洁的乳汁永远滋润着这块土地，扎如扎尕变成一块巨大的岩石，耸立在沟口，以免沟中的圣水流走。[1] 故事与风物融为一体，一幅幅富有浓郁民族特色的风情画便在动感十足的叙述中呈现出来，也让听者在现实与虚幻的交织中欣赏美景，体味人生。

### （二）神奇的经历

“幸福在哪里”一直是人们追寻的人生问题，自古及今，从未放弃。生活在社会底层的老百姓为什么总是贫穷，如何才能获得幸福，都是盘结在人们心头脑际的情结。带着这些问题，故事主人公踏上了寻找幸福的征途，他会有怎样的神奇经历呢？这就是我们要讲的找幸福型故事。该类型故事讲述的是一个穷人不满自己的命运，决定外出寻求好运。他在寻找佛祖（或其他神灵）的途中，热心地答应帮助他人代问某些难题（通常是三个问题）。见到佛祖后，出现了解决他人难题，还是解决自己问题的矛盾。这时，主人公毫不犹豫地放弃了自己的问题，没想到在帮助他人难题解决的过程中，正好解决了主人公要寻求的问题，最终找到了幸福。

找幸福型故事是一个在世界范围内广泛流传的故事类型，《格林童话》中有“三根金头发的鬼”。中国已发现该类型故事有两百一十多篇，它们流行于二十多个民族中，形成了问活佛型、找聘礼型、幸运儿型等不同类别。找幸福型故事的代表性文本有佛经《六度集经》中的《童子本生》、苗族的《三件聘礼》、彝族的《淌来儿》、汉族的《树洞问天》、回族的《伊布雷斯的故事》、傣族的《寻找金象牙的故

---

① 《青蛙丈夫》，见林忠亮、李明著《巴山蜀水的民俗旅游》，旅游教育出版社1996年版，第189～190页。

事》，以及民间善书《方便美报》等。《王生问佛》出自一位鄂西土家族老人之口，该故事是这样的：

王生在财主家放了十八年牛，心里不服，决心到西天问佛。一天，他路过一员外家门口，员外认出王生是去西天问佛的，便说："王生，你帮我代问一问佛祖：'我家小姐现已年满十八岁，为么子还不能说话？'"王生答应代问。又走了几天，有天晚上，王生在土地庙内寄歇，土地菩萨对他说："王生，你帮我问下佛祖，我在这里修行几千年，为么子还不能升天？"王生也答应了。王生走到海边，看见无边无际的大海，他着急了。正在发愁。忽然一条鲤鱼变成划子向他游来。王生跳上划子向海里划去，到了海中间，鲤鱼开始说话了："王生，你帮我问下佛祖，我在海里修行几百年，为么子成不了精？"王生又答应了。

王生终于来到了西天，他向佛祖叩头拜礼以后，说明了来意。佛祖便说："王生，今日你来问我，先得有个条件，问自己的就不问别人的；问别人的就不问自己的。"王生听后真有些为难。如果只问自己的，那员外的小姐、土地菩萨、鲤鱼的事就问不成了，那不是对他们失信吗？不好。就开始问起别人的事来。他说："有一员外家的小姐，年满十八岁了不会说话，是么子原因？"佛祖说："小姐见到新丈夫以后，她自然会说话。""那土地菩萨修行几千年不能升天又是何故呢？"佛祖说："土地菩萨的财心太重，他要舍得左边的一缸金，右边的一缸银，才可以升天。""那鲤鱼在海里修行几百年又为么子不能成精呢？"佛祖说："它头顶生有三颗夜明珠，要舍得丢掉中间的一颗就可成精。"

王生问完别人的事后就起身回转，走到海边碰上鲤鱼，便把问佛的事全部说了，鲤鱼当即取下中间的夜明珠赠送与他，并送他上了岸。走到土地庙后，土地菩萨正在等候，王生也将问佛的事说给他听了，土地菩萨也取出了金银财宝送给了王生。王生身带夜明珠，手提金银财宝路过员外家，员外也站在门前等候，见王生问佛归来，员外非常高兴，王生就将他去来的经过向员外诉说起来。两人正谈得起劲，忽听内房里小姐说："是哪个在这里说话？"员外听见女儿说话了，便将女儿许配给王生了。①

面对生活的艰辛，王生没有被动地迷信命运的安排，消极地感叹社会的不公，而是主动出击，探究问题的根结，以期有效地改变自身的生活状况。王生寻找幸福的历程既在人们的预料之中，又出乎听众的意料之外。当艰苦的跋涉即将收获果实的时候，主人公意外地遭遇了是为自己还是为他人的矛盾。王生毅然放弃了自己的问题，以诚信为首，帮助他人解除困难，这种优良的品德注定让幸福之神垂青于他，这是主人公抗争命运的结果，更是民众愿望的表达。找幸福型故事就是在不断反复的神奇经历中完成了民间叙事的终极目标。

英雄的经历自然神奇，神奇的经历铸造英雄。黑马张三哥型故事讲述的是具有非凡能力的伙伴的神奇经历。流传于我国青海土族的黑马张三哥故事讲，出生怪异的张三哥在外出寻找妖魔为兄妹报仇的途中，结识了神异的石头大哥、木头二哥。他们居住在森林里，每次狩猎回家，兄弟三人就能吃上热腾腾的饭菜。大哥、二哥在家守候，不明其中缘由。张三哥窥视，发现为他们做饭的原来是三只鸽子变成的姑娘，三兄弟与她们结为夫妻。当媳妇们在家做饭时，九头吸血妖魔吃了家里的肉。大哥、二哥无法逮住妖魔，机智聪明的张三哥杀死九头妖魔，为兄妹报了仇，从此夫妻幸福平安地生活。② 丁乃通在《中国民间故事类型索引》中概括有 301B "大汉、伙伴和寻找失踪的公

---

① 《王生问佛》，见《恩施市民间故事集》，1988 年 9 月编印。

② 《黑马张三哥》，见贾芝、孙剑冰选编《中国民间故事》第 2 集，人民文学出版社 1980 年版。

主”、605A1“神力勇士”等。黑马张三哥型故事在中国广泛流传，故事异文可以分为朋友型和夫妻型。

朋友型故事讲述主人公在除魔途中结识一些或好或坏的朋友，从而构成朋友相助与朋友背叛两个变体。藏族的《多吉占堆和朵桑曲珍》讲道，部落首领老来得子，希望将家业传给儿子；无心继承家业的儿子，在游历时从妖魔那里救了一位女子并结为夫妻；不久隐藏多吉占堆命根子的秘密被妖婆知道，多吉占堆受尽折磨，妻子也被抢走；在马的帮助下，多吉占堆复活，开始了艰难的寻妻历程；路上多吉占堆结识了磨盘飞腿、搬山大力士、大肚吸水、地听大耳朵；他们五人赶到妖魔处，在赛跑、摔跤、吸水等一系列较量中，妖魔战败；五兄弟联合将妖魔杀死，救出多吉占堆的妻子，部落民众拥戴多吉占堆为首领。① 这是朋友相助的典范作品，其间牢不可破的坚固友情令人称赞、敬佩！

朋友的背叛是在女色的诱惑下发生的，代表性作品有撒拉族的《阿腾其根麻斯睦》，故事讲述了一匹母马误吞红布生下阿腾其根麻斯睦；狩猎时，他与石头、木头里生的孩子结为兄弟；他们住在森林里，无意间看见鹁鸽变成三位少女洗澡，就结成夫妻；然而好景不长，媳妇在家弄熄火种，借火时被老妖婆跟踪，自此天天吸她们的血；得知此情况，老大、老二无力捉到妖婆，老三麻斯睦与妖婆血战，将她追到魔洞；当石头大哥、木头二哥用绳子将麻斯睦放下洞里捉妖时，私心陡起，松了手中的绳子，妄图将麻斯睦摔死；命大的麻斯睦不仅没有死，而且还杀死了恶虎、巨莽、妖婆，救了许多生灵，被他所救的鹰带他出洞；麻斯睦获救后，将两个贪心的朋友杀死，夺回心爱的妻

① 《多吉占堆和朵桑曲珍》，见次仁玉珍搜集整理《藏北民间故事选》，西藏人民出版社 1993 年版。

子和财物。①

黑马张三哥型故事以曲折多变的情节再现了主人公斩妖除魔的英雄事迹。该类型故事一般篇幅较长，情节起伏跌宕，整体结构以三迭式复合为主。土族《黑马张三哥》中，张三哥原本一人，后来结识了石头大哥、木头二哥，于是故事紧扣“三”字做文章。三兄弟家里三次煮饭怪事，三兄弟与三女子成婚，三兄弟三次与妖魔斗争等。讲述者有意安置的两个哥哥，既符合中国家庭的伦理精神，又以两位哥哥来反衬张三哥的形象，更加突出了主人公沉稳、勇敢、智慧的性格。

妖魔藏身洞　　林继富　摄

黑马张三哥型故事主要流传在中国北方游牧民族地区。自古以来，险恶的自然环境、流动漂泊的生活，使这里的人们特别需要勇武智谋

① 《阿腾其根麻斯睦》，见《中华民族故事大系撒拉族民间故事》第12卷，上海文艺出版社1995年版。

的英雄，他们在生活中呼唤英雄，在内心敬仰英雄。为了达到颂扬英雄的目的，故事的叙述语言具有粗犷、铿锵、豪迈的特点。“黑马张三哥”故事类型包含着“非凡伙伴”、“神奇诞生”、“英雄复活”等母题，这些构成了我国北方游牧民族英雄传奇的主要叙事内容。故事中的英雄常常只身下到妖魔生活的深洞救出公主，自己却被同伴丢在妖魔洞内，从而演绎出动人曲折的英雄传奇。

由于维系该类型故事的崇尚英雄、偏爱传奇的民俗信仰依然盛行，直到今天，黑马张三哥型故事仍备受民众喜爱而呈现出强旺的传承态势。

### （三）神奇的助手

神奇助手的故事是指具有超凡神力的帮助者协助主人公完成使命，改变命运的叙事类型。这类故事主要有两种型式：主人公因得到神奇动物的帮助而战胜困难、获得幸福，如狗耕田型故事；具备非凡能力的兄弟相互协作，达成愿望，代表作品有十兄弟型故事。

“狗耕田”故事讲述两兄弟间的纠葛，狗是善良一方的帮助者。该故事情节是：兄弟二人，哥哥贪心，弟弟忠厚。分家时，哥哥得到大部分家产，弟弟只分得一只狗和一点贫瘠的土地。分家后，狗给弟弟拉犁耕田，弟弟因此获利，哥哥模仿却受到惩罚。哥哥打死狗，弟弟痛哭不止，将心爱的狗埋葬，没有向哥哥索求任何东西。不久后弟弟又得到了狗的帮助，贪心的哥哥照弟弟的样子做，再一次受到了惩罚。

故事奇趣之处是这条能够为好人带来幸运，给坏人以无情惩罚的“狗”。本应是兄弟情深，然而“亲兄弟，明算账”、“弟兄相残”的现实让人们认识到血缘亲情在财产、名誉、地位的利诱下不堪一击。狗耕田型故事以兄弟分家为开头，兄嫂的自私、霸道在财产分割问题上

范世喜讲述《狗耕田》　　王丹　摄

得到了很好的表现。由于担心弟弟长大成家需要花钱，又要同他们均分家产，便以“树大分杈，人大分家”为由，只分给他很少的财产，或者干脆将他赶出家门。“狗”是处于劣势一方家产的象征性表达，也是人们同情弱者、创造奇迹的载体，它在故事中承担“神奇的助手”一职，帮助弟弟得到幸福。

“狗耕田”故事的生成与传播是以传承该故事的自然和社会背景为依托。“兄弟分家”的情节与故事传衍的社会制度和民间习俗密切相关。在民间社会，人们强烈关心的财产分割问题是“狗耕田”故事发生的缘起，也是种种奇迹出现的契机。

故事里，社会规范要遵守，道德正义要伸张。分家时，弱势一方没有分到应得的财产，没有分到农民赖以为生的牛，而只得到了无足轻重的狗，由此引出了整个故事的话题。在此，牛与狗孰重孰轻并不重要，得狗才是主要的，因为情节发展的后续阶段是狗耕田。在牛郎织女型故事中，兄弟分家，弱者分到一头牛，牛来充当助手的角色，其位置和作用与“狗耕田”故事中的狗完全一样。老百姓选择狗亦有寓意，狗是民众生活的亲密伙伴，特别是在乡村社会，狗是忠诚护家、财富滚滚的象征。从这个意义上说，如果狗耕田是一种事实，而不是一种不寻常的现象的话，那么，故事中一系列惩恶扬善的情节就不合乎叙事的逻辑了。就是因为有了这只非同寻常的狗，人们才能淋漓尽致地宣泄内心的情感与表达对道义的公正评判。

为了凸显“狗”的神奇，在一些民族的故事中，主人公获得狗要经过一两次交换才能实现，情节曲折而传奇。如汉族故事中有兄弟分家时，哥哥霸占了耕牛，弟弟只分得了一只小牛虻；一次走亲戚，小牛虻被小公鸡吃掉，赔了他一只花公鸡；而花公鸡又被老黄狗咬死了，就把老黄狗赔给了他的情节。牛虻换鸡、鸡换狗，赔鸡、赔狗的物主在不同的文本中各有不同，或为娘舅和姑母，或为左邻右舍，或为弟弟两次打工的东家，甚至可能是面目模糊的鸡和狗的主人。辗转的目的只有一个，就是得狗。这些均为故事的发展埋下了伏笔，也渲染了助手的神异。

故事里，狗的神奇表现在两个方面：耕田，而且还是主动耕田。撒拉族《分家》中，两只哈巴狗看到可怜的弟弟向哥哥借牛，哥哥不借，犁不了地，下不了种，伤心欲绝，就对主人说："明天你驾我们去犁地好了。"果然地犁得很好，还为主人赢得了一笔财富。侗族的《兄弟分家》[1] 里，黄狗"汪汪"地向主人叫个不停，并在地里跑来跑去，做出耕田的样子暗示主人。汉族《石榴》[2] 中，也是小黄狗自己提出犁地。这只会耕田的狗并不是所有人的话都听，而是只依从受人欺负的弟弟，这就引出了弟弟因狗耕田而变得富有的母题。贪心的哥哥见了，便要仿效。然而，神奇的事物一旦落入心术不正的人手中，就会变得平淡无奇，或者通人性的狗不合作，让贪心者吃尽苦头，丑态百出。

狗坟上长出植物带来财宝。弟弟以狗耕田获得丰收，哥哥则落得一场空。一气之下，哥哥打死狗，伤心的弟弟掩埋狗，狗坟上长出某种植物，或者狗被葬于树下。奇迹再一次发生，弟弟摇狗坟上的树或竹子，落下金银、元宝或铜钱；哥哥模仿，被惩罚，通常是植物上落下狗粪，也有的落毒蛇、毒蜂、毛虫，哥哥或连同嫂子则非死即伤。

一些故事的情节推进到狗坟上长出的植物严惩哥哥之后就戛然而止。但是，绝大多数文本还会在坟上长出神异性能的植物后，继续循着不同的方向向前发展。被哥哥砍伐的植物，可以用来编成淘米的箩，淘米多得米，淘钱多得钱；可以编成鱼篓，捕很多的鱼；可以编成锅中的蒸架，蒸出米饭鱼肉；可以编成鸡笼、鸟笼，得鸡蛋、鸟蛋。这些都是由神奇的狗帮助主人而生发出来的奇妙情节。浙江海盐县的

---

① 《兄弟分家》，载《民间文学》1956年第1期。
② 《石榴》，载《民间文学》1956年第1期。

摇钱树　　　　林继富　摄

《一只牛虱》[①] 中讲，弟弟用被砍的树做成船，船可以自动飘荡，并能发出音乐，使鱼自动跃进船舱；当哥哥驾船时，船翻，被淹死。总之，具有灵性的狗的化身可以多种多样，多次反复，直到强横者一败涂地，乃至丧命黄泉。比如，浙江温州的《两兄弟分家》[②] 中，弟弟用被哥

① 《一只牛虱》，海盐县民间文学集成办公室编：《海盐县故事歌谣谚语卷》，1989 年版，第 462 ~ 465 页。

② 《两兄弟分家》，平阳县民间文学集成办公室、县文联编：《平阳县故事歌谣谚语卷》，1989 年版，第 277 ~ 279 页。

故事家梁力在讲故事（采自《中国民间故事集成山西卷》）

哥毁掉的神奇器具生火，得到好处；哥哥仿效，却烧了房屋，也烧死了自己。

“狗耕田”故事类型的所有文本的情节繁简不一，但是，无论它怎样发展都脱离不开兄弟分家、狗耕田、弱者得好处、霸者受惩罚这一基干情节，也脱离不开“狗耕田”、狗坟上“长出有神异能力的植物”的中心母题。

“狗耕田”故事的情节核心在于二元对立，即弟弟不断被剥夺、不断胜利，哥哥不断剥夺、不断遭遇失败的状态。制约这种对立局面发生、发展的就是一条神奇的狗。哥哥要压制弟弟，不分给他财产，使他穷困，但弟弟却因狗而获利，处于更有利的地位，而哥哥反遭失败，这样就完成了第一次循环。哥哥再次破坏狗，使弟弟丧失有利地位，弟弟在这种现状中再次得利狗的帮助，哥哥再遭狗的戏弄而失败，于是又完成了第二次循环。这里，哥哥的失败并非指剥夺财产、剥夺狗、剥夺宝物的失败，而是完成这种剥夺后反倒使弟弟处于有利地位，恰与哥哥的愿望相反。哥哥想再次剥夺，让自己处于弟弟的这种有利的地位，但其结局却还是失败，而弟弟仍然是因祸得福。形成此种叙事结构的关键因素在于“神奇的助手”——狗及它的灵魂所幻化的各种事物，从而使人们能够在理想与现实的交织中充分地、尽情地、大快人心地伸张正义，鞭笞丑恶。

如果说动物助人易于发挥想象，显示神奇的话，那么，非凡兄弟之间的相互协助则表现出平等、友爱的故事主题。这类故事主要叙述具有特殊本领的一群弟兄共同征战和对敌的过程，丁乃通在《中国民间故事类型索引》中将其列为 AT513《超凡的好汉弟兄》，收有异文30余篇。该类型故事早在明朝就有明确的记载，屠本所撰《憨子杂俎》中的《七兄弟》载：

古者，兄弟七人，皆绝技，曰健大一，硬颈二，长脚三，远听四，烂鼻五，宽皮六，油炒七。健大看得须弥山可列家门屏障，担却归。上帝怒，敕丰隆翳追之，并获硬颈二。以斧斫其颈，斧数易，而颈无恙。长脚三距海一万八千里，一日夜抵家报信。远听四早闻，偕烂鼻五赴难。西海龙王遣数千将敌之。五以鼻涕向下一掴，尽糊其将之眼。于是龙王亲征，获第六，直扯横拽，而皮不窘。获第七，叉入油气铛，炒七日七夜，而体不焦。七人者，终无成，老于牖下。①

七位神奇兄弟个个身怀绝技，在与上帝的斗争中站得上风，但是他们最后还是一事无成，老死家中。对于这样的结局，后来的民间故事讲述人很不满足，于是，在很多十兄弟型故事异文中，兄弟们各显神通、团结互助，干出了惊天动地的大事。比如，流传在山西的《水推长城》的故事讲：

有一个婆姨，养的十个儿。大的顺风耳，二的千里眼，三的有气

① 《中国笔记小说名著》第1集，世界书局（台北），1974年版。

力，四的钢脑袋，五的铁骨尸，六的长腿，七的大脑袋，八的大脚，九的大嘴，老十大眼。

有一天，弟兄十个锄地去了。老大顺风耳，听见有人哭哩，说：老二你给咱瞭一下。老二一瞭，说：给秦始皇修长城的人，饿得哭哩！老三是有气力，说：我去顶。前半晌走到，后半晌就修起了。修起了，秦始皇怕这人气力大，要杀他哩！老二一瞭，说：不好，秦始皇要杀咱老三哩。老四钢脑袋，说：我去顶。到了那里，秦始皇用几十把钢刀没把他砍死，要用棍子浑身打哩。吓得老四又哭。老大说：我又听见有人哭哩！老二一瞭，说哎呀，不好！秦始皇要拿棍子浑身打咱老四哩。老五是铁骨尸，说：我去顶。到了那里，秦始皇打断几十根棍子，也没有把老五打死，要往海里扔哩，吓得他又哭。老大听见了说：我又听见有人哭哩。老二一瞭，说：不好，秦始皇要把咱老五往海里扔哩。老六是长腿，说：我去顶。去了，就被秦始皇扔到海里，水才漫脚面子，正好捞鱼呢！他捞下五六十斤鱼正没放处，老七来了，老六说：老七你来了，我捞下五六十斤鱼没处放哩。老七大脑袋，取下草帽，五六十斤鱼才放半草帽，两个抬回来。没柴烧，不能烧着吃。老八是大脚，说，我前天在山上打柴扎了一个刺，挑出来看行不行，一挑挑出一棵大椿树。老三劈开，老九烧火。鱼烧熟了，老九说：我先尝一尝熟不啦！老九是大嘴，尝了一口，五六十斤鱼，还不够垫牙缝子。气的老十哭了。老十是大眼。先哭，是蒙汁汁的雨。后边哭的成了“囫囵”雨。再后边发下大水，一下把万里长城给推走了。老妖秦始皇也被大水推到海里，喂了鳖鱼。①

十兄弟型故事在中国流传相当广泛，除汉族外，我国少数民族人民也十分喜爱。如流传在贵州黄平、施秉等地的“十兄弟”变成了

① 《水推长城》，见《中国民间故事选》第1集，作家出版社1958年版。

"八兄弟"，八兄弟因本领不同而称为——大力气、顺风耳、硬领子、绵皮子、不怕烫、大肚子、高脚杆、大鼓眼。十兄弟型故事中，十个兄弟虽个个本领高强，但在残酷的现实面前和激烈的斗争旋涡里，他们并不是单打独斗，而是彼此依靠，相互协助。只有这样，他们才能发挥巨大的力量，战胜强悍的敌人。倘若哪一个环节出现问题，或者哪一个兄弟失去神力，战斗就会失败。故事中，弱者也会因时间、地点和场合的适宜，弱势即刻转换成优势。如黎族的十兄弟故事，当国王妄图用油炸的方式制服他们的时候，却遇上得是个特别喜欢高温的"北寒二"兄弟，他们将北寒二丢进油锅，炸了很长时间，只听他在油锅里不停地喊："还冷，还冷"，惊得国王和在场的所有人都瞠目结舌，不知所措。①

十兄弟型故事一般没有惨烈的场面，也没有血腥的屠杀，而是在解决生活问题，为社会打抱不平，为社会伸张正义。故事的重点在于突出十个兄弟的力量。为了把十兄弟团结起来，在复杂的形势面前，最大限度地紧密配合，拧成一股绳，十个兄弟都是主角，都是助手，正所谓"集体力量大，万难都不怕"、"人心齐，泰山移"。十个兄弟构成一个整体，得益于讲述人高超的讲述技巧，他们环环相扣地展示了每一个弟兄的特异能力，故事情节推进迅速快捷，听众在紧张和期待中聆听故事、接受故事和欣赏故事。

### （四）神奇的鬼怪

中国老百姓的观念里存在三个层次的神圣空间：神灵、鬼灵和精灵。这三个神圣空间为神奇故事的诞生提供了社会基础和文化土壤，也产生了中国神奇故事里最主要的三种元素。中国人的鬼魂观念相当

① 《十兄弟》，见《中国民间故事大系黎族民间故事》第7卷，上海文艺出版社1995年版。

久远，许多学人尝试着给“鬼”下定义，《礼记祭法》云：“人死曰鬼”，“众生必死，死必归土，此之谓鬼”，也即是人死之后的精灵不灭，称之为鬼。在“鬼”信仰的基础上产生的鬼故事，构建出中国民众生活和民众思想领域中别样的精神世界。

鬼故事是伴随人对自身的认识、对自然的探求和对社会的把握渐

牛头

趋成熟发展起来的一种民间叙事种类。尤其是魏晋以后，志怪小说的兴起，无论是民间百姓，还是文人雅士对生死的认知变得清晰起来，也实际起来，讲述神话的古老叙事行为逐渐被人性化更为浓厚的仙话和鬼话所取代。此时，志怪小说的代表作《搜神记》辑录了30多则鬼故事。到了唐宋，人们已不再满足于简单地讲述和搜集鬼怪故事，而是有一大批文人开始以“鬼”为叙事中心进行有意识的文学创作，出现了传奇小说记录的市民生活中种种神奇的鬼魅精怪故事，以鬼灵故事为题材的《独异志》、《离魂记》等作品相继问世。宋代李昉所辑《太平广记》500卷，集前代野史、传闻、小说之大成，引用图书多达470余种，分为92大类。其中涉及鬼文化的鬼怪故事、僧道、神仙、鬼类、狐类、再生类、悟前生、冢墓、妖怪等，占有很大比重，仅鬼故事就多达数百种，成为鬼怪小说的集大成。之后的变文、传奇、白话小说、傀儡戏等以不同的形式记录了形形色色的鬼怪故事。到了蒲松龄那里，他将各种渠道得来的鬼怪故事“有意作文，非徒纪事”，给人们展示了人间百态和炫目的鬼灵世界，从而达到了中国文人创作鬼故事的高潮。《聊斋志异》记载的鬼故事内容十分丰富，合计约共170多篇，占全书三分之一。它继承了前代鬼故事的各种类型，大体可分七种类型：人鬼恋爱型（幽婚故事型）、冥府吏治型、恶鬼害人型、善鬼成神型、感恩图报型、轮回果报型、奇癖痴迷型。这些故事各有其深刻的主题、奇妙的情节、生动的语言和个性鲜明的艺术形象，构成了以鬼为主角的文言短篇小说的高峰。这些小说里塑造的鬼怪形象承续了不少的神话元素，加上作家的想象，建构出千奇百怪的中国鬼怪形象，比如牛头、比如马面。

鬼魅世界是老百姓根据现实生活以想象和虚构的手法描绘的异域世界。中国老百姓口头传讲的人鬼友情恋情、矛盾纠葛的故事均是实际生活的摹写与延伸。人们惧怕恶鬼，亦怜惜善鬼，爱憎分明，立场

马面

坚定。为了较为全面地剖析中国鬼怪故事的主要类型和传播，我们以《中国民间故事集成浙江卷》里的鬼故事为例。

善鬼助人：主要是鬼帮助人完成心愿或克服困难。如《鬼为媒》故事讲女鬼因被柯鱼佬阻止讨替代，阎王赞其心善，准许女鬼嫁给他；在女鬼的帮助下，柯鱼佬有了钱，并娶黄家姑娘为妻，自己则悄悄离开。人与鬼的关系并非想象的那么可怕，人与鬼还可以成为兄弟，相互帮助。《鱼佬与河水鬼》中，鱼佬和河水鬼喝酒成兄弟，河水鬼帮助鱼佬赶鱼；后来鱼佬阻止河水鬼找替身，上天知道后，让水鬼投胎做年过半百膝下无子的鱼佬儿子。

人鬼夫妻：人们幻想的鬼是恐怖的，但是，鬼也有好鬼、美丽之鬼和善良之鬼。这些鬼成为人们赞颂的对象，也催生出民间人鬼夫妻的故事。人鬼夫妻故事的基本结构模式为：单身男子与女鬼相恋，有时男子有恩于女鬼，有时女鬼生前与男子是一对恋人；男子与女鬼结合以后，生下孩子；在一定的时间，女鬼说明真相，求得男子的原谅和帮助；男子按照女鬼所说的办法去做，从鬼变成了人，获得新生。有的女鬼在离开的时候，交给男子一个信物，男子因而获得幸福。比如《人鬼为妻》讲女鬼看到一个后生人品很好而帮其磨豆腐，后生设计发现其身份，后结为夫妻，过着普通人生活。当然，人鬼夫妻毕竟有着与凡人不同的境遇，如《鬼跟》讲望山人阻止吊死鬼讨替身，并用唾沫使之定了身形，二人做了夫妻，后来他们生的小孩发现母亲没有影子，女鬼变成了一塘清水。

鬼养崽：在我国许多民间故事里，经常见到怀孕的妇女因为某种原因死去，后来在棺材里生下小孩，并精心照料孩子的情节。《鬼养崽》讲女鬼在棺材内生出小孩，为养活小孩，她向杂货店老板赊账买枣，人们发现她所用的钱是冥币，丈夫得知后领回了棺中小孩，并将他抚养成人。鬼养崽的故事还有一种类型是女子死时留下幼小的婴儿，丈夫无力抚养，死后变成鬼的妻子每晚来家为婴儿喂奶，比如流传在河南的《女鬼助丈夫》。

鬼判案：这类鬼故事一般发生在鬼魂世界的阎王身上。阎王身为鬼的最高统治者，自然一切是非曲直都由他判定。《阎王判案》讲阎王听信贪官、地主、富贼的辩词而放他们还阳，却把善良的医生送上

李国兴在讲《鬼养崽》　　王丹　摄

了奈何桥。

人鬼相斗：人与鬼本生活在阴阳两界，人怕鬼、鬼怕人的故事也特别多，同时人不怕鬼，制服鬼的故事也表现了人们认识世界的进步。《当鬼》讲张三用反手绳抓住吊死鬼，吊死鬼变成会蹦会叫的活宝，被张三拿去当铺当掉；后来再去赎时，因反手绳被换掉，活宝消失了，当铺只好赔钱给张三。《水鬼娘舅》讲有一小儿凭自己的好水性抓住了水鬼，使他不敢再害人，并使他认自己为娘舅。《杀猪屠斗阎罗》中，阎罗嫌杀猪屠夫杀生太多，派手下去抓；杀猪屠夫阴差阳错逃了过去，但从此不再杀猪，从而使得阴间供奉的猪都带着毛，阎王取消了捉杀猪屠夫的令箭。《打死阎罗王》里，小伙子设计把捉拿自己的小鬼和判官弄死，又用计把自己与阎王的衣服对换，下令打死真阎王，自己成了阎王。《鬼推磨》讲丁大胆用反手绳抓住女鬼，使之变成篮头来推磨，后将该篮头卖给财主老倌。人鬼相斗的故事最著名的要算《列异传》里的“宋定伯卖鬼”了。

南阳宋定伯，年少时，夜行逢鬼。问："谁?"鬼曰："鬼也。"鬼曰："卿复谁?"定伯欺之，言："我亦鬼也。"鬼问："欲至何所?"答曰："欲至宛市。"鬼言："我亦欲至宛市。"共行数里。鬼言："步行太迟，可共底相担也，何如?"定伯曰："大善。"鬼便先担定伯数里。鬼言："卿太重，将非鬼也。"定伯言："我新死，故身重耳。"定伯因复担鬼，鬼略无重。于是再三。定伯复言："我新死，不知鬼悉何所畏忌?"鬼答曰："唯不喜人唾。"于是共行。道遇水，定伯因命鬼先渡，听之了然无水音。定伯自渡，漕漼作声，鬼复言："何以作声?"定伯曰："新死不习渡水故耳。勿怪吾也。"行欲至宛市，定伯便担鬼著肩上，忽执之，鬼大呼，声咋咋然。索下，不复听之，径至宛市中。下著地，化为一羊，便卖之。恐其变化，唾之。得钱千五百乃去。时人有言："定伯卖鬼，得钱五千。"①

总之，中国民众对鬼的信仰成为鬼故事的根基，这种信仰在今天仍有浓厚的表现，讲述鬼故事的农村市场仍然相当广阔。老百姓将人类的美好情感和若即若离的鬼灵情结融为一体，使得中国鬼故事具有特殊的价值。

### （五）神奇的精灵

精灵是中国民众思维领域的重要元素，在"万物有灵"的观念下，它与人们的物质生活和精神信仰发生着密切的关联。在遥远的蛮荒古代，对于外界奇妙万端的事物和神秘莫测的变动，先民不明其因而诚惶诚恐。出于生存的渴求，他们认为，人自身以外的一切物体的活动与变化都是内在精灵作用的结果，于是便有了"内"与"外"的界线，"灵魂"与"肉体"的分离。在这个基础上，精灵信仰和精灵

---

① 《太平广记》，中华书局1961年版，第119页。

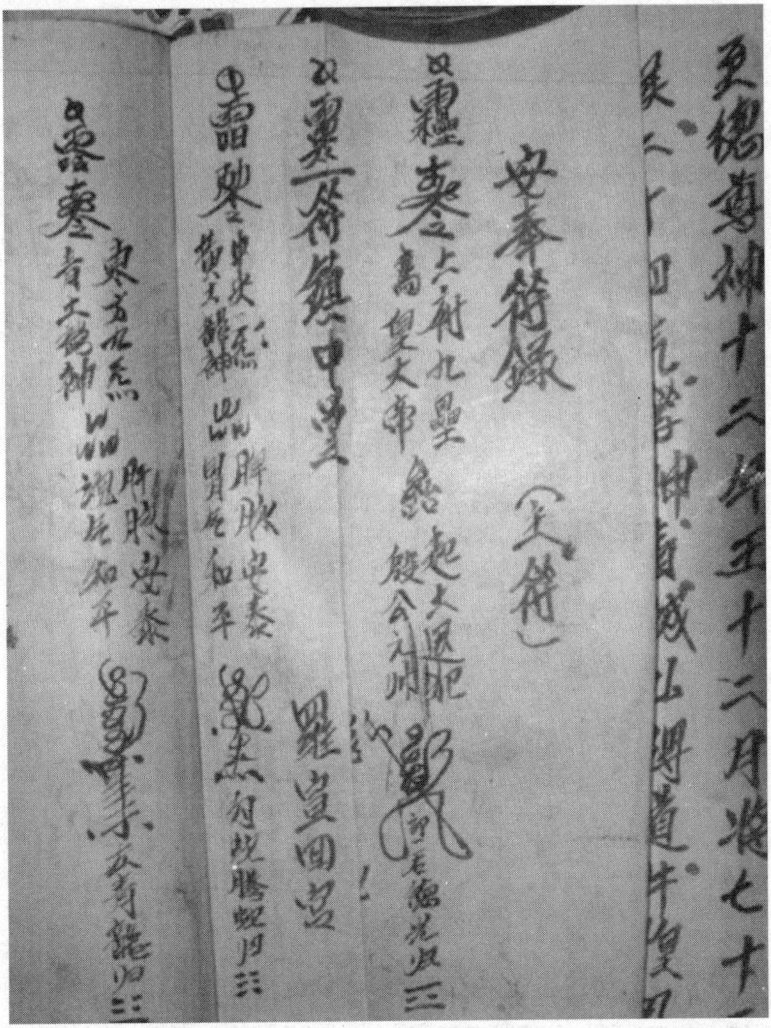

降精捉怪的符咒　　林继富　摄

故事应运而生。

中国的精灵形象源于原始神话中被神化的自然物。出于对自然的崇拜和万物有灵的信仰，便形成了探究其原因的幻想化解释，这就是精灵故事。随着佛教的传播和道教的壮大，精灵信仰和精灵故事在原始信仰的土壤上不断发展，从而构成了中国民间思想和民间文化的重要内容。综合中国民间精灵的信仰，精灵的生成途径无外乎三种：一是“物老成精，物久成怪”的观念；二是“吸人精血，得人精气”的方式；三是“修炼得道，成精成仙”的法术。

中国最早、最系统地记录精灵故事的典籍要算《山海经》。这本书里记载的种种动植物精灵鬼怪，对后世的精灵故事发展产生了重要

孙悟空大战蜘蛛精

影响。六朝士人始撰志怪，文人记录和创造精灵故事已成传统。南宋洪迈编《夷坚志》、金元时期元好问《续夷坚志》、无名氏《湖海新闻夷坚续志》，直至清人袁枚编《子不语》等笔记小说中，都记录了不少精灵故事。特别值得称道的是，收集动物精灵故事最全的北宋太宗太平兴国年间编纂的《太平广记》专门列出“精怪”一类（卷 368 ~ 373），所收为器物精怪，其他各类则分别附收精怪故事，如“草木”类末附“木怪”、“花卉怪”、“药怪”、“菌怪”等（卷 415 ~ 417）。元无名氏《湖海新闻夷坚续志》有“精怪门”，下分“水族”、“狐虎”、

孙悟空大战白骨精

“猿猴”、“猫犬”、“猪鼠”、“飞禽”、“树木”、“山石”等类故事。

之后，唐代的传奇作家更是自觉地将精灵文化纳入到自己的创作领域。宋、金、元三代承继前代传统，无论是文人，还是民众都在乐此不疲地精心编造精灵传奇。然而，精灵叙事发展到明清两代，其叙事风格发生了重大变化，它身上原本具有的神圣的信仰色彩已经消退殆尽，完全变成了以追求审美为目的的文学了。比如，《西游记》为了显示孙悟空神奇的力量和超人的本领，里面安置了大量的与精怪妖魔的斗争，孙悟空三打白骨精，孙悟空大战蜘蛛精的故事家喻户晓。

尤其是《聊斋志异》中将文人创造精灵故事发展到了极致，蒲松龄通过各种渠道获取的神灵精怪故事创作的小说，反映了民间文化对作家文学的巨大影响，许多精怪故事经过作家的提炼，成为老百姓交口称赞的名篇佳作，比如白秋练就是一位鱼精变化为美女与人间男子婚配的故事等。

鱼精与凡人婚配

同时，作家对民间流传的精灵故事的改造与吸纳，反映了我国作家文学对民间精灵故事的哺育与贡献，对此，德国学者艾伯华有过中肯的评价。他认为，精灵故事“主要是文学家的一种财富。这种考虑得出如下的结果：这些故事连同动物妻子的故事、与动物有其他关系的故事逐渐转化为鬼怪妻子的故事及跟鬼怪的其他关系。男人不再娶一个动物，而是娶一个动物精怪。再往下发展到最后阶段便由死鬼来替代动物精怪……但是，作家相信他的——当然是受过更多教育的——读者不会再来看这样的故事。因此，出自文学作品中的动物故事的实例特别少。作家不去写那些动物故事，而是发表具有现代表现形式的精怪故事或鬼怪故事。”①

文人吸纳民间精灵信仰、发展精灵传统与民间的精灵知识血脉相

① 【德】艾伯华著，王燕生、周祖生译：《中国民间故事类型》，商务印书馆 1999 年版，第 432～433 页。

制服精灵的道士服装　　林继富　摄

承。作为民间口头叙事文学的精灵故事，在老百姓那里，不仅以多种方式渗透进他们的生活，而且从不同角度彰显着精灵信仰传统。精灵传统不仅包括精灵的形成、精灵的活动、精灵的表现，还包括与精灵相关的一切事件和文化，比如道士在制服精灵过程中的符咒、法器、服饰等等。

精灵故事中的主角——精灵，以动物类最为多见，植物类次之，无生命物的精灵也不在少数。常见的动物类精灵有狐狸、黄鼠狼、老虎、狼、老鼠、猴子、獐子、狗、马、猪、蛇、鳖、蚯蚓、泥鳅、蜈蚣、尤袁虫（类似蜈蚣的爬虫）、鸡、凤凰、乌鸦、黄鹰、座山王

贴在门框上的驱邪咒　　林继富　摄

（一种大老鹰）、蚌蛤、螃蟹、田螺、蜘蛛、蝎子等；水族类：鲤鱼、白鱼、沙爬窝（一种无鳞鱼）等。植物精灵有松树、柏树、杨柳、皂角树、马桑树、何首乌诸类；无生物精灵是石头、扫帚、腊肉、金银、黑风大仙等。精灵多以物种的本来形态或者完形的人貌进入人间生活。[①]

精灵形象并非什么奇特之物，而是百姓生活中的日常用品。流传于湖北省长阳土家族自治县的《扫帚精》故事讲的就是一位年轻貌美的姑娘在屋门口买花线，没带钱进屋去拿，却久不出来；货郎子等不及，进屋去寻，发现屋里空荡荡；寻到灶后头，看见一把扫帚，刚才卖的花线就缠在上面；货郎子火烧扫帚，扫帚精流血而死。[②] 更为奇特的是，人们食用的腊肉也可以成精。家里的腊肉成精以后常常嬉笑打闹，家人也经常得病，于是就请端公来杠神做法，烧腊肉，从此，家人平安。[③] 为了驱赶精灵鬼怪，保佑家人平安，许多人家在门上常常贴一些神力无比的符咒。

这些以日常生活事件为主线结构的精灵故事，情节极为简单，完全依照日常说话逻辑进行叙事。浓厚的信仰因素一方面说明精灵观念的古老性，另一方面又因风俗的不可更改性而导致故事叙事的模式化。可以判定，精灵信仰故事不是依靠优美的结构形式赢得民众的认可，而是依凭思想内容播撒在秀美的山乡村寨。

中国精灵故事中最为大家熟知的要数狐狸精故事。《搜神记》里的《吴兴老狸》、《搜神后记》中的《放伯裘》等都描摹了狐精的特性与事迹。人与狐精婚恋很多，致使“狐狸精”一词成为今天形容女性媚迷男人的专用名词了。

在民间，狐狸精故事沿续了文字记录的传统。在虚幻与现实、神

① 王丹《伍家沟精怪故事研究》（硕士论文），北京师范大学研究生院 2004 年。

② 王丹《伍家沟精怪故事研究》（硕士论文），北京师范大学研究生院 2004 年。

③ 萧国松讲述，林继富、王丹采录，采录时间 2004 年，采录地点：长阳土家族自治县渔峡口镇湖州饭店。

奇与平淡之间，介入百姓生活的狐狸精既非完全虚构，遥不可及，又不同于动物属性的真实狐狸。比如，湖北省丹江口市六里坪镇伍家沟村传说的狐狸精谁敬它，敬得好，它就将别家的金银财宝和粮食给你偷进来；相反，你得罪了它，它就往外偷。

饶四爷的后楼上，住着一家皮狐精，它们对他很好。自从两家成了邻居，饶家不愁吃，不愁穿，花银子如同流水一样，日子好过得很。可是，一旦饶四爷拿来钟馗像要驱赶它们时，老皮狐说："这人太不像话了，没情没义，我们帮他发了财，他却恩将仇报，接个钟馗回家撵我们起身。我们再不能跟这号人做朋友了，还要给他点狠气看看，这是没良心人的报应。"于是，粮食倒进了烂水坑，腊肉扔进了茅缸，衣裳、被子、铜钱、银子，啥也没有了。①

狐狸精幻化为女子与人间男子婚配的故事在我国许多地方都有流传。譬如，湖北省长阳土家族自治县的毛狗子精故事讲述的就是毛狗子精变成姑娘，为单身汉做饭，单身汉将毛狗子皮藏了起来，于是两人结婚生子，过着平静的农家生活；过了很久，丈夫在与孩子嬉戏的时候，将孩子母亲是毛狗子精的真相告诉了孩子；妻子生气索要毛狗子皮，带着孩子离家而去，丈夫又回到原来的生活。②

在中国精灵故事中，逻辑结构最为稳定的莫过于狼精故事了。狼成精变人以后，依然无法改变吃人的本性，最终还是被人消灭的故事在世界不同民族和地区广泛流传，AT 分类法将它命名为《贪吃的狼(小红帽)》。在中国，"狼外婆"的故事通常发生在农村或山区的单亲家庭里，其形态复杂，情节曲折。我国现存狼外婆型故事最完整的文

---

① 《饶四爷遭祸败家》，韩致中主编《伍家沟村民间故事集》（第 1 集），中国民间文艺出版社 1989 年版，第 313 ~ 314 页。

② 李国兴讲述，林继富、王丹采录，采录时间 2004 年 8 月 8 日，采录地点：长阳土家族自治县都镇湾十五溪李国兴家。

字记载是清代黄之隽的《虎媪传》。该文说孩子们出门去看望外婆，误入虎穴；睡觉时虎媪吃了弟弟，被姐姐发现；姐姐谎称上厕所，爬到外面的树上；姐姐被路人救走，虎媪被杀死。这里的狼就被虎取代了。

“狼外婆”故事有大量异文，一种类型流传在今天广西的侗族、瑶族、仫佬族，四川的彝族，贵州的苗族，云南的白族，西藏的藏族等地，讲述的是小孩因误入狼穴而被狼吃和杀狼的故事。还有一类讲的是孩子的母亲离家外出，出门时嘱咐孩子好好看家，不要给陌生人开门；母亲在路上被狼精吃掉，或者向由狼精装扮的人泄露了家里的秘密；狼精来到这家，谎称是孩子的母亲或外婆，骗取孩子们的信任，进了家门；随后，狼精种种可疑的行为举止引起了年长和年幼孩子的不同反应；晚上睡觉时，狼精吃掉了最小的孩子；它的行为被稍长的孩子发现，他们便用计逃出屋子，爬上一棵大树；当狼精想要抓住他们时，孩子们又设计弄死了狼精。这类故事活跃于我国北至内蒙古、南至台湾、东至上海、西至甘肃的广大地区，并在甘肃的东乡族，云南的白族、哈尼族，贵州的水族，吉林的朝鲜族，辽宁的满族等地区流行，尤其受到汉族的欢迎，该类型是我国狼外婆型故事的主流。

“狼外婆”故事是一个具有儿童启蒙教育性质的故事。故事中，孩子一般是兄弟三人或姐妹三人，或两兄一妹、两姐一弟等。其中被骗、被害的孩子多为最弱小的无知者。在中国的传统家庭里，因为年龄的原因，长子比幼子具有更多经历、智慧和才干的优势不难理解。

“狼外婆”故事中的狼经常因民族、地域的不同而出现差异，有的地方叫熊外婆，有的地方叫野人嘎嘎，等等。无论怎么变化，故事充满着浓厚的乡土气息和家庭生活的味道。如《颠倒筷，筷颠倒》①

---

① 《颠倒筷，筷颠倒》，见《中国民间故事集成河南卷》编辑委员会编《中国民间故事集成河南卷》，2001 年版，第 447 ~ 451 页。

讲述，老臭狐把那个媳妇吃了以后，来到她的家门前叫孩子们开门。老大隔着门缝说："你不是俺娘，俺娘脸上有麻子。"老臭狐跑到磨屋里，抓些荞麦粘到脸上，又来叫门。老二说："你不是俺娘，俺娘扎的绿带子。"老臭狐跑到高粱地里，用高粱叶扎在脚脖上，又来叫门。老三说："你不是俺娘，俺娘长的大脚板。"老臭狐跑到灶火里，把铲灰板一掰两半，绑在脚上，又来了。老幺对姐姐们说："是咱娘回来了！"把门打开了。又如一则湖北狼外婆故事的变体《野人嘎嘎》中讲到：当野人嘎嘎敲门时，孩子们发现了它的一些可疑之处。孩子拉开门闩，野人嘎嘎并不进来，它说："嘎嘎害了大病，眼睛怕光，你把灯吹了我才好进来。"野人嘎嘎进了门，不坐椅子，它说："嘎嘎害了大病，屁股烂了，搬个坛子给我坐。"野人嘎嘎坐上坛子，乐得尾巴在坛子里摇来摇去，孩子问是什么声响，它说："是老鼠在坛子里打架。"这些细节就是老百姓对生活的摹写。

狼外婆型故事曲折的波澜发生在狼精与孩子把握形势的被动与主动转换之中。在孩子认清狼精的本质以前，狼精变成的"外婆"处于主动，孩子处于被动；"狼外婆"连连得逞，孩子连连退让。当孩子逃离家门之后，"狼外婆"则由主动转为被动，孩子由被动转为主动；此前，孩子被"狼外婆"的花言巧语所蒙骗，此后，受骗的孩子也设起了圈套。整个故事的讲述始终处于孩子与"狼外婆"力量此消彼长的起伏之中，听众的情感和心理也随之跌宕波澜，时而沮丧难过，时而欣喜若狂。

总之，精灵故事的基本要素存在于民众的日常生活中。它们在本质上是真实的，没有开始，也没有结束，其故事情节继续在人们的生活中不断得到反响，尽管故事已经结束。

# 第二章

# 动物故事

动物故事是以动物为主人公，讲述动物与动物、动物与人之间恩怨纠葛的民间口头叙事文学。动物有动物的行为准则和生存法则，动物有动物的情感表达方式和沟通渠道。在与动物同生共存的接触与交流中，人类获知了动物的生物特性和活动习性，积累了相应的知识和经验，形成实践上的认知和对其实施主观臆测式的解释，由此构成了色彩斑斓的动物故事。

## 动物故事的特点

动物是人类的朋友，也是人类的敌人。早在原始社会时期，人类就与动物争夺生存空间，从动物那里获取生活资源，在此基础上出现了动物信仰和动物故事。动物祖先、动物变人、人变动物的文化随处可见。随着狩猎经济到农耕生产的转变，人类和动物的关系不再那么密切了，信仰的色彩逐渐淡化。比如土家族的老虎，在早期社会，它是祖先的象征，对老虎的崇信成为土家人的重要精神支柱；随着文明的进步，关于老虎的叙事少了些信仰的色彩、多了些轻松的生活内容。因此，在民间口头创作中，以动物为主要对象的口头叙事已由过去单纯地反映动物性情和神秘信仰转换到表现世态人情方面的内容了。

任何文学创作离不开生活，动物故事也一样。在长期的生活实践中，动物是老百姓的得力助手，也是他们相依为伴的朋友。在与动物打交道的过程中，人们试图对动物进行种种解释，这种解释建立在自我生活体验和对动物认识的基础上。动物故事里的动物常常被赋予人的思想情感和举止言行，由此形成了一种带有明显寓意的口头故事，也成为民众表达生活的重要手段。

当然，动物故事的来源比较复杂。它一方面展现了动物之间的复杂关系，另一方面也映射出人间生活的丰富性。故事里的动物不是生物学意义上的动物，而是既有动物特性又有人类特点的动物。从这个角度上讲，动物故事既是动物的故事，又是人的故事，这也决定了动物故事具有鲜明的特点：

解释性：动物故事是老百姓对动物的认知和解说，诸如《猴子的屁股为什么是红的》、《斑鸠叫声的来历》、《兔子为什么是三瓣嘴》、《猫狗冤家的由来》、《野兔为什么特别胆小》、《蚂蚱叫声的由来》等，这些解释常出现在故事的开头或结尾。比如《老鹰为什么要抓鸡》讲：鹰和雉原来交情很深，在一个树上垒窝，去一个地方找食，谁也离不开谁，像亲兄弟一样；后来他们结伴而行，去朝拜百鸟之王凤凰；途中雉被蛇所咬，鹰不顾生命危险救下了雉，雉却到凤凰那里说鹰的坏话；为了躲避鹰的追捕，雉跑到农家；从那以后，鹰恨透了雉；雉到农家后把名字改了，叫做鸡；直到现在，老鹰一看到鸡，就要从高空猛扑下来抓着吃。①

这则故事表面上是在叙述两种动物之间的恩怨，实则为人世社会生活的投射。解释性增强了动物故事幽默诙谐的特点和情趣盎然的生活特性。动物故事常常以简约概括的语言，生动地解释动物的形象特

---

① 《老鹰为什么要抓鸡》，见《中国民间故事集成陕西卷》编辑委员会编《中国民间故事集成陕西卷》中国 ISBN 中心 1996 年版，第 444～445 页。

征和生活习性，为动物学的研究提供了难得的材料。

情感性：拟人化的动物使故事增添了浓厚的人性因素和情感色彩。动物故事的情感表达主要体现在三个方面：大千世界，动物无数，但进入民众口头叙事领域的动物却相当有限，那些与老百姓生活密切相关，感情深厚的动物成了他们首选对象。老百姓常常给这些动物取可亲可爱的名字，细致描摹它们的言语行动和内心活动，叙述语气亲切，饱蘸情感，故事的情节内容无不映现着民众的生活感情和生活态度。

生活性：动物故事以动物为主角，却以人类社会生活为内容。这里的动物没有神奇的力量，没有神秘的形态，没有神圣的信仰，它们完全被人格化，但仍以动物的基本性情为特征，如狐狸的狡猾、熊的蠢笨、兔子的聪明、狮虎的凶暴等。动物与动物的矛盾，动物与人类的纠葛，始终以人类的生活与情感为旨归，具有一定的象征和暗示意义，或喻诫，或规劝。比如人的善良、勤劳、诚信、谦逊、知恩图报、助人为乐等优秀品德和狡诈、懒惰、狂妄、言而无信、忘恩负义、损人利己等不良品行，都如实地体现在动物身上，通过动物间的矛盾冲突反映人与人之间的复杂关系。

总之，动物故事在讲述动物纠葛，影射社会矛盾的时候，联系了动物的习性和生理特点来塑造形象，在幽默风趣的故事情节中寄寓思想感情，反映社会现象。因此，动物故事是以彼喻此，以动物说人事，以动物表人情。故事里的动物形象已经不再是自然界的生物种类，而是经过人类艺术化加工过的动物角色，它们具有了人的语言、人的行为、人的思想和人的情感。

## 动物故事漫游

生活在地球上的动物种类繁多，但出现在动物故事里的动物则数量有限。比如，在藏族的155则动物故事中，共有43种动物出场，出现频率较高的有兔子、狐狸、猴子、狼、毛驴、猫、老鼠以及鸟、老虎、青蛙和乌鸦、狮子、大象等十几种。由这些特征鲜明的动物构建起来的故事系列，显示了藏族动物故事的丰富性和复杂性，也表现出藏族民众超人的创造能力和艺术智慧。

不同民族因历史传统、文化背景和生活环境的不同，对动物的喜恶情感各不相同，在表达情感的时候，对动物的选择存在很大的差别。中国是一个统一的多民族国家，动物故事资源异常富饶，为了全面了解我国动物故事的现状，我们将动物故事分为动物的来历、动物的婚姻、动物的矛盾和动物的互助四种类别进行系统介绍。

### （一）动物的来历

动物来历的故事，主要是老百姓用轻松的语言讲述动物外形特点和生活习性的故事，这类故事往往成为儿童接受动物知识的开始，孩子还在襁褓中，大人就以洋溢童趣的语言和以儿童能够接受的方式解释活跃在身边的动物的习性与来历。

《狗是怎样变成家畜的》讲述狗找朋友，接二连三抛弃狼、熊等无能之辈，最后找到了人。“狗觉得人本领大，又看重它，心里有说不出的高兴。”从此狗在人的家里住下，变成了家畜。《熊猫眼睛上为什么有黑圈儿》将熊猫、人、羊搅在一起，最终还是人的力量大，打死了吃羊的老虎，可自己又被老虎吃掉，熊猫天天来到人坟前哭，天长日久，眼睛哭出了黑圈儿。《燕子的胸部为啥血红》讲述燕子为了替农民找种子，飞过大海，晕死过去；麻雀叼起种子到农民那里邀功；鹞鹰护送燕子到农民家，撕开嗉子，戳穿了投机取巧的麻雀，自此，鹞鹰一见麻雀就追；燕子的伤口很快愈合，但它胸脯上的羽毛就变得

襁褓中的婴儿听动物故事　　王丹　摄

血一样红了。[①] 这些解释将动物与人等同类化，以“人拟化动物”，讲起来娓娓动听，生动自然。

随着社会的发展，人们的神灵观念越来越淡薄，而且逐渐意识到动物的某些性格与人的品格极为相似，于是动物故事越来越与人类的生活和思维相接近。如《兔子为什么是三瓣嘴》讲：狐狸、兔子、老鸦、狼四个是好朋友。一天，它们碰到一位背篓子的青年，在兔子的指使下骗得了篓子，篓子里有一双鞋子，一付铜钹、一张头帕、一大坨酥油；后来兔子分得酥油，而其他三位却险些因所获之物丧命；于是就来找兔子算账，但聪明的兔子把酥油抹在脸上，假装得了癞子病，把它们吓得撒腿就跑；兔子放声大笑，由于用力过猛，笑豁了嘴。故事中的兔子狡猾带机智、自私而聪慧，狐狸、老鸦、狼的凶狠、愚蠢

① 《燕子的胸脯为啥血红》，见《中国民间故事集成陕西卷》编辑委员会编《中国民间故事集成陕西卷》，中国 ISBN 中心 1996 年版，第 320 ~ 321 页。

也跃然纸上。故事紧紧围绕兔子为何变成三瓣嘴来展开情节，突出其解释性的特征。此类型故事还有《猫的来历》、《为啥孔雀的尾巴好看》、《牛和驴为啥结仇》、《牛为啥没有上门牙》、《蝙蝠为啥夜间出来》等等。

“十二生肖”的故事丰富多彩，各个民族和地方的民众在讲述这个类型的故事时有很大的不同。比如，甘肃东乡族流传的《十二生肖鼠为大》正面叙述了老鼠与牛的竞争，老鼠用计战胜了牛，获得第一的称号。[①] 湖北的《十二生肖为何老鼠居首》讲，老鼠稍动脑筋，略施手段，便战胜了比它优越得多的牛而夺得了十二生肖的首位。[②] 这类故事偏重赞扬老鼠的机警聪明，将老鼠娇嗔的形象和品格演绎得活灵活现，甚为可爱。湖北西部的这类故事常常与猫鼠结仇的故事相融合，比如《老鼠子爬到牛角尖上》讲：

话说老鼠与猫本是朋友，玉皇大帝传令动物们上天定生肖。猫说，它瞌睡大，怕睡过了头，托付老鼠到时叫醒它，以免耽误大事。可是，事到临头，老鼠也慌里慌张，忘了叫醒猫，自己赶去赴会。赶到时，众多禽兽都已排好了队，老鼠担心排不上，看到牛站在最前头，便灵机一动蹲在了牛角尖上。玉帝就按顺序给老鼠排了第一名。老鼠回来，猫刚睡醒，听老鼠讲了一遍经过，自然责怪它，抓起老鼠就要吃。老鼠求饶，许诺多生子来报答猫。这样就有了猫食老鼠的生物链。[③]

《猫为什么子咬老鼠》中亦有类似的情节，老鼠故意避开猫而上

---

① 《十二生肖鼠为大》，见《中国民间故事集成甘肃卷》编辑委员会编《中国民间故事集成甘肃卷》，中国 ISBN 中心 2001 年版，第 278 页。

② 《十二生肖为何老鼠居首》，见《中国民间故事集成湖北卷》编辑委员会编《中国民间故事集成湖北卷》，中国 ISBN 中心 1999 年版，第 288 页。

③ 《老鼠子爬到牛角尖上》，见萧国松整理《孙家香故事集》，长江文艺出版社 1998 年版，第 17 页。

天赴宴，独得玉皇大帝的赏赐，激怒了猫，被它捉食①。老百姓就是这样将自己对生活的感悟和自然的体察机智而精妙地以动物故事的方式传达了出来。

解释类动物故事紧紧抓住动物的特征和习性来构思情节。它重在解释，社会性的思想内容居于次要地位，很少有政治说教，加上它本身的趣味性，所以深受儿童的喜爱。

### （二）动物的婚姻

动物的婚姻故事，主要讲述动物之间的婚姻事件，借以表达人类的社会情感和生活态度，最具代表性的要数“老鼠嫁女”故事。

“老鼠嫁女”是我国各民族广泛流传的动物故事。由于各地方、各民族风俗习惯和讲述方式的差异，该类型故事常常被命名为“老鼠招婿”、“老鼠招亲”、“老鼠娶亲”、“耗子做新娘”、“耗子娶媳妇”、

热热闹闹嫁鼠女

① 《猫为什么子咬老鼠》，见《鄂西民间故事集》，中国民间文艺出版社1989年版，第191～192页。

"老鼠嫁囡"、"耗子嫁女"、"老鼠做新娘"等等。"老鼠嫁女"故事大致存在两类异文变体：

第一类故事变体的主要情节：1. 老鼠国国王选定腊月二十四这天嫁姑娘，鼠辈们热热闹闹地办喜事；2. 老鼠所住的那户人家办年货的响动惊扰了它们的婚事；3. 老鼠国王派鼠前来劝阻，人们依然我行我素；4. 老鼠国国王一怒之下发誓，今天人们闹我一天，明年我要闹他一年；5. 人们吃了亏，从此腊月二十四不推磨，不舂碓。

第二类故事变体的基本情节：1. 老鼠养了个标致的姑娘，想找个最好的女婿；2. 首先找太阳，太阳说云会遮住它；3. 找到云，云说风会吹散它；4. 找到风，风说墙会挡住它；5. 找到墙，墙说老鼠打洞掏空了它；6. 最后还是老鼠最强，就把女儿嫁给了鼠；7. 婚期正值腊月二十四，为了不惊吵老鼠，免受灾害，人们不推磨，不舂碓。

从古至今，对于老鼠，人们总是抱怨和惧怕。在不能有效制御它之前，老百姓只有尊敬它，讨好它，这就出现了俨然人间嫁娶状貌的鼠婚信仰。偏重解说当地民俗由来的第一类鼠婚故事，与民众生活和民俗信仰粘连、结合，无疑是老鼠崇拜或对其表示友好的遗俗表现。人们根据鼠类的生理特征，以己推物，想象它们的婚配以及与人类的纠葛，从而极合理、极自然地转换到禁忌的生成，仿佛真的就有这么回事一样。第二类故事在某种意义上接近或倾向于艺术化的叙事，它的角色丰富，情节波澜起伏，润色适当，给人们展示了无限的想象空间和艺术表现力。

"老鼠嫁女"故事寄寓的情感和意义相当深刻。故事本身及与之相关的民俗活动关键在于"嫁"。所谓嫁，意即将老鼠逐出家门。然而，人们聪明地不亲自动手，想出了个"老鼠嫁女"的办法，让它们自行操办婚事，把自己嫁出去。所以，就有了老鼠择吉日嫁女的故事以及由此而生发的必须遵守的习俗行事。许多地方老鼠嫁女这天都保持安静，不吵闹老鼠，好让它顺顺利利地嫁出门。按老百姓的说法，如果惊搅了老鼠，来年必多鼠患，遭鼠报复。而且他们禁止动用刀剪一类的器物，如不照办，会有老鼠啮损家当的灾祸。

另一方面，鼠属子，为十二地支之首。子时处于阴阳交界线上，因此，子鼠自然就成为阴阳交接的象征。人们以此“子”喻彼“子”，合理而精巧地以自然之节律，动物之繁殖感应人类的生命与生存。“老鼠下子，一年十二窝，它一窝多一个。”老鼠以旺盛的生殖能力和顽强的生命能力，又成为人们心目中的生命繁衍之神。这些真有些让人无所适从，所以人们只得设法时而讨好，时而诅咒，在平静与喧闹、心理与行为这样互相牾的举动和叙述中祈愿人丁兴旺、岁岁平安。

老鼠嫁女故事在湖北西部一带伴随着许多有趣的民俗活动，比如每年腊月二十四有一个人手拿簸箕，一路拍，一路喊：“腊月二十四里拍簸箕，老鼠下子儿不成器”。有的弄双草鞋拖起，屋前屋后地边跑边念：“草鞋拖两拖，老鼠下子儿窝窝梭。”为了达到最佳效果，有的干脆簸箕、草鞋并用不误。还有些地方则由两人抬一簸箕，边拍边从堂屋中走出来，口里念着：“拍簸箕，拍簸箕，老鼠下子儿不成器，嫁给天，云遮你；嫁给云，风吹你；嫁给风，墙挡你；嫁给墙，入地狱；下一个，死个一；下七个，死个七；拍簸箕，拍簸箕；我今嫁你他方去，近百里，远千里，拖垮你的三层皮。”这样一直拍到稻场上。[①] 这段风趣而智慧的话语，极凝练地将第二类老鼠嫁女故事浓缩成朗朗上口的歌谣，实在令人叫绝。相比之下，前面两句告语简单、直露，理应是最本土化的民俗生活的写照。在此，人们既以己度鼠，催其婚嫁，又认为它们无法理解人类的言语，因而在行为中巧妙地言为心声，曲折地表达自己的意图——形似为鼠壮大声势，实则赶鼠出门，嫁走他

---

① 李国兴讲述，林继富、王丹采录，地点：湖北省长阳土家族自治县都镇湾李国兴家。

方。这样一来，严肃的祭禳仪式便寓于轻松谐趣的民俗活动和民间讲唱之中。

### （三）动物的矛盾

自然界的动物有着既定的生存法则和活动规律。为了破解动物的活动密码，人类试图通过观察、接触和了解来寻找它们之间的联系与产生矛盾的根源。譬如，“猫狗结仇”的故事主要讲述一个人饲养了一猫一狗；他心爱的宝物被盗之后，猫狗为报答恩情联手寻宝；在历尽艰辛，找回宝物后，主人听信猫的谗言，惩罚原本善良诚实的狗，从此，猫和狗结下仇怨。该类型故事在我国汉、满、蒙、朝鲜、藏、侗、瑶等民族中都有流传。“猫狗结仇”故事讲述了猫狗不能和睦相处的现象，更寄寓着深刻的训诫意味，这集中体现在“狗上猫的当”的情节上。故事意在警示世人以忠信为本，不可尔虞我诈、见利忘义，也不可善恶不分、赏罚不明。

森林之王的老虎威风凛凛，人们却发现，它的外形与自家的猫没有两样。那么，威猛的老虎与娇小的猫究竟有没有关联，到底谁更厉害？民间流传着种种故事。

你说是猫像老虎，还是老虎像猫？谁像谁可有个说道。别看猫的个头儿小，可它的“骨头”大，老虎还矬它一辈儿呢！管它叫舅舅。应该说老虎像猫。

老虎不但长得像舅舅，一举一动也像舅舅，据说，它的扑、跳、闪、转、腾、挪等十八般武艺都是跟猫舅舅学的，可它怎么没跟猫舅舅学会上树呢？

说来也挺有意思。老虎一出世，就生得相貌堂堂，跑起来脚下生风，登高一吼，山摇地动，有一股威震四方、压倒百兽的威风劲儿。它的猫舅舅很喜欢它，一心要把自己的看家武功统统传授给外甥，把它培养成兽中王。一天，猫舅舅对外甥说：“你学会我的九招十八式，就可以称王称霸了。”老虎听了非常高兴，当天就跟舅舅学了武艺。

学了几天，老虎问猫：“我学了几招几式啦?”猫说：“才学了一个零头，还早着呢!”老虎恭恭敬敬地夹了夹尾巴。

又学了几天，老虎问猫：“我学了几招几式啦?”舅舅告诉外甥：“快了，过一半儿啦!”老虎翘了翘尾巴，开始有了心事：“将来我当了兽中王，是我管舅舅，还是舅舅管我?”

又学了几天，老虎粗声粗气地对舅舅吼道：“喂！还有几招几式呀?”猫一看情形，觉得有点儿不对，便多了个心眼，对老虎说：“一共九招十八式，全教给你了。”老虎听后，大尾巴刷地一下子竖了起来，满脸杀气，对猫大吼一声：“我饿了，要拿你充饥!”说着，四条腿伏地，“呼”地向猫扑去。猫早有防备，纵身一跳，跳到一棵大树下，噌噌几下便爬上了树。老虎一下子傻了眼，望着蹲在树杈上的猫，连身央求说：“你还没有教我上树的功夫呢，我要学上树!”猫在树上大骂：“你这无情无义的东西！我要把上树的功夫教给你，我就没命啦!”老虎对它舅舅太绝情，所以没有学会上树的本领。①

《老虎为什么不会上树》将叙事的中心定位在老虎学艺，猫传武艺上。猫看似弱小，却功夫高超；虎貌似强大，却技不如猫；猫善良而智慧，虎凶狠而愚蠢，如此的矛盾对立贯穿始终。结果，猫爬树自救，老虎挫败。故事巧妙地讽刺了老虎的忘恩负义，赞赏了猫“留一手”的聪明机智。

老虎的故事还真不少。这不一只老虎饥饿难耐，窜到一户人家偷吃东西，不料又来了一个小偷，于是两个小偷演绎出一段让人啼笑皆非的故事。“山中之王”的老虎在一个雨夜去农舍家偷食牛或羊，听

① 《老虎学艺》，见《中国民间故事集成北京卷》编辑委员会编《中国民间故事集成北京卷》，中国 ISBN 中心 1999 年版，第 602 页。

见农人夫妇说：不怕老虎只怕屋漏，老虎以为“漏”是比自己还厉害的东西；这时，正好一小偷也来偷牛，误将虎当牛，骑之而去；老虎想骑在它身上的肯定是“漏”，惊慌奔逃；天蒙蒙亮，偷牛贼发现自己骑的竟是老虎，吓得赶紧爬上一棵大树。

这类老虎怕漏的故事在我国各地都有流传，如浙江的杭州、德清、长兴、绍兴、嵊州县、堇县、慈溪、象山、黄岩、玉环、瑞安、瓯海、平阳、乐清、龙泉、兰溪、金华、永康、义乌、龙游、开化等县市都有同类型的故事在传讲，山东、河南、陕西、湖北、福建等省市也搜集了不少故事异文。

老虎怕漏故事借语言理解的差异构造曲折离奇的情节。当老虎听到“漏”的消息，不是联系当时天下雨的情境来理解，而是截取“老虎、小偷我都不怕，就怕漏”只言片语制造喜剧效果。“语言误解”一方面使故事情节在环环相扣中极具诙谐、幽默的风格，另一方面也告诉听众任何事情都要全面调查，不可盲目轻信，否则将会招致不必要的麻烦，成为令人捧腹的笑柄。

“老虎怕漏”故事的绝大部分异文都有偷盗情节。在叙述过程中，虽然没有直接进行批判，但从故事结局看，行恶者必定没有好下场。裕固族《“锅漏”的故事》中，小偷最后吓死在树上；浙江《老虎怕漏》故事里，小偷由于惊吓过度，两只脚像弹琵琶，尿不知不觉从裤裆下流了出来。傈僳族的《看漏》、傣族的《蓑衣与塔扇》讲两个小偷受惊失败后，发誓再也不干盗窃别人的缺德事，而老老实实在家干活。

“老虎怕漏”故事在中国境内至少有三个相对稳定的传承系统：一是以汉族为主体的传承系统，这类故事基本遵循“听到漏——害怕漏——摔掉漏——证实漏——逃避漏”的叙事结构；故事角色为老两口、老虎、小偷等；故事的趣味性强。二是以傣族、德昂族为中心的

蓑衣　林继富

西南山地民族传承系统，该系统的故事大量出现蓑衣、斗笠等雨具以及大象、老虎、兔子等动物。三是以青藏高原为核心的传承系统，此类“老虎怕漏”故事常常与王位继承有关，这是民族生活与思想观念作用的结果。

### （四）动物的互助

弱小的动物依靠精诚团结，战胜强大敌人的故事，最著名、最优秀的莫过于“小鸡崽报仇”。狐狸趁公鸡外出，将小鸡和母鸡吃掉。知此消息的公鸡十分气愤，决心为死去的亲人报仇。它找到与自己朝夕相处的伙伴木棒、针、瓦片、大马蜂等通力合作，等候狐狸的到来。埋在火塘里的瓦片烫伤了狐狸的脸，藏在鸡窝里的针扎伤了狐狸的身体，躲在门后的木棒敲击着狐狸的头，隐蔽在刺蓬里的马蜂趁机猛蜇，站在屋梁上的公鸡对准狐狸脑门狠啄，妄图从屋顶逃走的狐狸，重重地摔在地上一命呜呼。①

这是一则流传于我国云南普米族小鸡崽报仇型故事的典型文本。20世纪20年代，若水先生发表《猪哥精同老妈妈的故事》一文说：“这篇故事在十五至二十年前是很通行的，差不多家家的孩子都懂得”②。“小鸡崽报仇”的故事遍布亚洲、非洲、欧洲和美洲等地。

篇幅不长的“小鸡崽报仇”故事包含着明晰而深刻的道理——“人心齐，泰山移”。该类型故事由正反两面角色形成对比之势，双方力量悬殊。正方常常是小鸡、绿豆雀、天鹅、老妈妈等弱势的动物或人，反方则是高大威猛的大象、老虎、熊、豹、蟒古斯、妖魔等。故事的重心就在于叙述弱小者如何齐心协力，发挥优长，变弱为强，扭转形势，获得胜利。例如，彝族的《小鸡崽报仇》对此描写得相当精彩：

当妖婆听到小鸡发出吼号声，认为有人偷袭它的家。它走进屋里时，见到锅庄里冒出一些烟子，把上面的东西遮着，心中感到厌烦。走上前俯下身吹火，躲在锅庄里的苦蒿，马上发出很浓的烟子，一直窜入它的眼里，使它只是流泪不能够看东西了。它想对面背风可以避

① 《公鸡报仇》，见《中华民族故事大系普米族民间故事》第14卷，上海文艺出版社1995年版，第367～368页。

② 若水《猪哥精同老妈妈的故事》，见《民俗》第2期（1928年），上海书店影印本《民俗》合订本第1册，1983年印。

开，瞎着眼一步跨过去坐下来，直立在那里的铁针，狠狠地向它屁股上刺了一下。它叫了一声“啊呀”，坐到原位上来，用手向后摸索。一摸摸着躺在那里的黑竹，顺手投在火里，火倒燃起来了，可是黑竹烧爆，红红的火星炸到它脸上来，烧了一大块。它想舀水来冰一下脸，闭着眼走到缸边，拿起瓢刚刚插下去，藏在缸里的鱼，跳起来用尾巴打它的嘴巴，打得它发呆。又想把大木匙拿来捞一下，看缸里究竟藏着什么东西。走回来伸手去摸木匙兜，埋伏在木匙兜里的蛇，正把全身毒液灌注到嘴上来等待着。妖婆的手刚刚伸到兜口上，就被咬了一口，它大叫起来，同时发现是蛇咬的。它想赶快咬一点蒜头敷上，手忙脚乱地爬到楼上去摸蒜兜，黄蜂正藏在那里，嗡的一声飞来咬了它一口。

这时，背后小鸡们的号子声越吼越近。它晓得屋子里布满了敌人，外面又来了很多。惊惊惶惶地跳下楼来，向外奔跑。在堂屋里踏着摊在那里的牛屎，一下滑倒在地上，腰杆几乎被跌断了。它忍着痛向外爬，过门坎时摇动了门框，上面藏着的磨刀石轰地一声落下来，打在它的脑顶上，脑汁也被打出来了，没有挣扎一下就死了。①

故事中的小动物和生活物件经过严密精细的分工，充分发挥各自特长，联合起来，汇成一股强大的力量打败敌人。故事讲述者为了使听众更加明白其中的道理，往往在结尾处用一两句点睛之言将主题揭示出来。布朗族《天鹅报仇》中“天鹅报仇，全靠小伙伴的帮助”；傣族《绿豆雀和象》里“绿豆雀能战胜大象，是依靠朋友的友谊”；赫哲族《毕尔达巧克乔莫日根》中“小有小的用处，许多弱小的力量凑到一起，力量就大了”等语言，均简洁而深刻地概括了故事所包蕴的富有哲理性的主旨。

小鸡崽报仇型故事尽管发生在动物世界里，但我们能从中觉察到

① 《小鸡报仇》，见中央民族学院语文系编《中国少数民族寓言故事选》，甘肃人民出版社 1982 年版。

人的活动，体会到人的情感。产生这样的艺术效果，得助于讲述者对拟人手法的合理运用。故事通过动物间的矛盾斗争，将人类长期生产、生活的实践经验寄寓其间。正如日本学者饭仓照平所说，这类故事“不但将有生命的动物拟人化，还巧妙地将没有生命的许多小东西也拟人化，组合成一幅生动活泼、优美完整的图画。”

彝族《小鸡救妈妈》中，当小鸡们带着它的小伙伴去救妈妈时，走到一个大山岔，有只小野猫在岩脚下扯葱。

小鸡们问：“小野猫，你扯葱做哪样?”小野猫说：“扯葱放母鸡汤。”遇见一只母猫背水，就问：“野猫婆婆，你背水做什么?”野猫回答：“背水烧鸡肉。”

这段描写哪里是野猫吃鸡，分明是彝族群众烹饪美食的生活情景。

小鸡崽报仇型故事的线索较为单一，矛盾并不复杂，无论结构，还是语言，都简洁明快。如达斡尔族《去杀莽盖》中，男孩在复仇途中结识伙伴的对话就非常简洁明快。

走着走着，他在半路上遇见了一只耳朵。耳朵问道：“哥哥，哥哥！你上哪儿去?”男孩子回答说：“去杀莽盖！它抢去了我的金银萨克，我得要回来！”“把我也领去吧！”“你能做什么?”“我可以帮你听动静。”“那好啊，快上车，快上车，快上车！”

正像钟敬文先生在《猪哥精》附记中所说：“这类故事内容和形式都单纯而且十分拙朴，但对年龄不大的儿童，却是一种极动听的东西，也可以说这才是真正的童话。”①

小鸡崽报仇的故事以拟人的手法和简洁明了的叙事勾勒出了一幅充满现实生活情趣和富有审美意义的图画，使故事的全篇手法、风格、语言都具有地道的民间古典童话的色彩。

---

① 《猪哥精》，见张振犁编选《钟敬文采录口承故事集》，黄河文艺出版社 1989 年版。

# 第三章

## 生活故事

生活故事以老百姓的日常生活行为为主要内容，反映阶级社会的各种关系、社会现象以及人民群众的生活事件和种种经历。当然，它不是社会现实、客观事实、生活经历的原样记录，而是对生活的艺术想象与创作。

### 生活故事的特点

生活故事，亦称“写实故事”或“世俗故事”。相对于神奇故事来说，生活故事的现实性较强，幻想性较少。这类故事大都以实际社会生活中形形色色的普通人物为主人公，以写实的手法刻画人物，书写现实，具有鲜明的情感倾向性，富于现实性和批判精神。生活故事的逻辑结构合理，人物性格突出，艺术形式不拘一格，叙事风格活泼多样。

《中国民间文学集成工作手册》将生活故事按内容分为19个大类，即长工地主故事、工匠斗争故事、爱情婚姻故事、巧女故事、傻婿故事、奇巧婚配故事、恶婆婆的故事、恶夫恶妇故事、后母故事、孝敬老人故事、三子学艺故事、勤俭故事、公益义行故事、师徒故事、勤学故事、交友故事、生产经验故事、处世道德故事和机智人物故事。

生活故事取材于现实生活，具有浓郁的生活气息。像长工和地主的故事，讲述的就是封建社会地主阶级和农民阶级之间斗智斗勇的故事。在阶级社会，长工的政治、经济地位极其低下，他们“上无片瓦，下无立锥之地”，终日劳作，却仍在温饱线上挣扎。地主受经济关系和政治制度的保护，残酷地剥削和压榨劳动人民。长工忍受不了地主的奴役和压迫，起来反抗，他们权衡利弊，智慧地采取“智斗”而非“力斗”的方式同地主阶级进行顽强的斗争。这些内容可以说是那个时代、那个社会历史的真实写照。

生活故事的人物形象丰满，性格鲜明。故事的主人公通常是为人熟知的劳动者、“卑贱者”和受压迫、遭虐待的人，有长工、妇女、工匠、樵夫、仆役、学徒等。生活故事通常运用对比手法，突现“卑微者”的聪慧与“高贵者”的愚钝。例如《三姑爷拜寿》[1]中，有钱有势的大姑爷和二姑爷企图捉弄贫贱的三姑爷，反被击败，弄巧成拙，狼狈不堪。生活故事赞美正直、勤劳、善良、智慧的劳动者，批判丑陋、懒惰、自私、愚蠢的高官显贵。通过美与丑、善与恶、智与愚、强与弱的强烈对比，来塑造生动鲜活的人物形象。

生活故事的艺术风格诙谐、幽默。故事重在鞭挞丑恶，弘扬正气，将“无价值的东西撕破给人看”，以此达到戏剧性的高潮。在写实的同时恰当地使用浪漫手法，既使故事真实可信，又让故事感人至深，这在机智人物故事中表现得尤为突出；此外，诙谐而多变的故事情节，有趣且闪现智慧火花的故事语言等，也是生活故事的特点。机智人物故事通常采用错位、婉转、反话、误会、对比、双关等艺术手法营造幽默情趣，制造讽刺效果。

---

① 《三姑爷拜寿》，见《中国民间故事集成北京卷》编辑委员会编《中国民间故事集成·北京卷》，中国 ISBN 中心 1998 年版，第 799 页。

## 生活故事漫游

生活像一杯陈年的酒，越品越有味；生活是个万花筒，里面的内容千变万化，绚丽多姿；生活是一条不断向前延伸的道路，需要既定的轨道和规矩；生活是一条流动的大河，永远怀抱希望，充满激情地向前奔流。生活故事从不同侧面、不同层次地展现了老百姓千姿百态的生活内容，其中代表性的类别主要有孝道故事、贪心故事、公案故事、经商故事、巧女故事、呆女婿故事和机智人物故事等。

### （一）孝道故事

赡养老人、孝敬老人是中华民族的传统美德，它规范和影响着民众的行为规范和文化思想。依凭这股道德力量，在我国民间故事领域里催生出了许多灿烂绚丽的篇章。

传说春秋战国时某国王公立下规矩，凡是六十岁的老人，都要送到“自死窑”里让其活活冻死、饿死，这个习俗代代相传，没有人敢违抗。有个叫杨三的农民不忍心丢弃父亲，就每天偷偷给他送饭。不久，邻国恃强欺弱，以比赛斗犀鼠相威胁，如赢不了，该国就得年年向他们纳贡。王公寻遍全国，也找不到能斗过犀鼠的动物。杨三将此事告诉父亲，父亲说找十只十多斤重的猫，关在一个笼子里，不给它们吃，让其互相吞噬，留下最强的那只就可斗败犀鼠。农民急忙将此方法报告王公，果然打败了犀鼠，维护了国家的尊严。王公在奖赏农民时，得知是他老父亲的主意，再也不认为老人是无用的，诏令全国，废除了弃老的习俗。[1]

① 《斗鼠记》，见《民间文学》1982 年第 4 期。

寄死窑里的遗留物　　　　徐永安　摄

这则流传鄂西北的故事讲述了人类早期如何从“弃老”到“敬老”的演变过程。与弃老相关的寄死窑在今天的湖北十堰地区还有大量遗存。

与《斗鼠记》具有相同内容和相似结构的故事在我国汉、朝鲜、锡伯、鄂伦春、蒙古、维吾尔、哈萨克、柯尔克孜、塔塔尔、土家、佤、壮等民族中广泛流传，它构成了一个具有浓厚的道德色彩和深厚的民俗意味的故事类型。

老人问题自古以来就是一个世界性的问题。该类型故事契合了这一社会主题。印度的《弃老国缘》、日本的《弃老山》、印度尼西亚的《尊敬老人》等就是这类故事的代表。以欧洲故事为中心编纂的《民间故事类型》一书将此种故事归为AT981型“隐藏老人智救王国”。其大意是：在饥荒时代，一位年轻的国王下令将所有老人处死；一个人不忍心这样做，就将年迈的父亲隐藏起来；不久，国王碰到亡国亡家的疑难问题无法解答；这人的父亲用他的智慧解开了一道又一道的难题，拯救了国家。书中进一步指出，该类型故事在爱尔兰、西班牙、意大利、土耳其、斯洛文尼亚、俄罗斯、印度、中国等国家和地区均有异文流传。

中国的“老人是个宝”型故事，大致可以分为两种变体，第一种是老有所用型，基本情节为：

**弃老**：弃老风俗的形成是国王认为老人没用或集体粮食不够吃，减少吃饭的闲人；或国王随便说句“老人无用”的话，被大臣奉为圣旨等。

**挑战**：邻国想侵占该国，派使者试探该国是否有能人，向该国发起挑战；或者是国王为难老百姓有意出难题。任务有斗鼠、找黄金、找水源、杀怪物、解答难题（辨别雌雄蛇、穿九曲明珠）等，如完不成，将会招来灾祸。

**解答**：面对难题，举国上下束手无策，最后是一位年轻人解答了难题。

**敬老**：年轻人说出了难题由年老的父亲帮助解决，国王觉得老人有用，废除遗弃老人的风俗，改为尊敬老人。

读完这类故事，最具表现力和冲击力的有两个方面：

其一，国家面临危难，老人的计策拯救了国家的灾难，主要篇目有湖北汉族的《斗鼠记》、《不杀老人》，蒙古族的《花甲老人》，壮族的《壮族老人厅的来历》，朝鲜族的《七十活葬是怎么取消的》等。蒙古族的《花甲老人》讲：国王认为老人没用，下令将老人活埋，搅得人心惶惶，百姓大批逃走。这时邻国派来使臣，送来两只耗子、两条长虫、一根木棒，让该国辨别真伪，分辨不出就派兵攻打。这些难题急得国王团团转。最后一位年轻人帮国王解答，国王要奖赏他，年轻人说："这都是老年人的功劳啊！在三年前，是我把老父亲藏在深山的石洞里，这回全是他老人家告诉我的。"国王知道自己错了，立刻废除了杀害老人的风俗。[①] 故事将老年人置于国家危难的重要时刻，凸显出老年人富于谋略智慧的高大形象。

其二，以突出老年人在挽救乡民于灾难时的巨大力量为中心，打动国王自觉废除弃老风俗。锡伯族的《老人为什么受尊敬》讲：古时候该国每年蚊虫泛滥，百姓以为神灵作怪，就用神童献祭。后来，人们生活难以维持，认为老人吃闲饭没有用，就立下规矩，置他们于死地。一位年轻人不忍心遗弃老人，偷偷在地窖里供养父亲。不久天下大旱，百姓无法生活，年轻人从老父亲处得知找水方法，救活了乡亲。国王询问年轻人如何知道水源，他说是父亲告诉的，国王又从年轻人父亲处得知："这办法不是我想出来的，是我祖父告诉我的，因为祖父在世的时候，曾在长着芦苇的地方挖出一眼泉水，我想这件事说不定对子孙后代有用，就一直把它记在心里。"国王没有责怪年轻人违反神圣宗法，但要他明年将老人背到山上摔死。这一年正好轮到国王的女儿和孙子献祭蚊虫，百姓眼睁睁看着孩子被蚊虫叮咬而无计可施。当

---

① 《花甲老人》，见《蒙古族民间故事选》，上海文艺出版社 1980 年版，第 155 ~ 156 页。

人们走后，老人打起火石，点着柴火，大火燃起冒出的滚滚浓烟救了孩子。国王知道又是老人救了他，觉得老人确实有用，就废除了遗弃老人的恶俗。①

第二种是人都要老型。此型故事讲述由弃老到敬老习俗的转变，主要从人的切身感受和情感出发，讲出每个人都将衰老的道理。故事入情入理的叙述使风俗的改变合情合理。

朝鲜族的《花甲葬的规矩是咋改变的》讲：国王的儿子将年迈的奶奶背到山里进行花甲葬，② 孙子舍不得奶奶，二人抱头痛哭。无奈之下，孙子把奶奶放在山上的地窖里，将背奶奶的圆筐带回来。父亲很生气，问他为何将随死人埋葬的圆筐又带回家来。儿子回答说："以后我拿什么给您下葬呢？我这是特意背回来给阿爸预备的。"国王一听，吓得汗毛直竖，掐指一算，自己再过十多年不也到了花甲之年吗？他这一寻思，恨起花甲葬的规矩来，于是他让孙子将奶奶接回来，向全国发布新法：从今以后，废除花甲葬的规矩。③

老年人的存在价值同时摆在了统治者和普通百姓的面前，这就需要达成共识，以完成风俗的转变。锡白族的《老人为什么受尊敬》、蒙古族的《可汗的命令和老人的智慧》反映在原始社会生产力十分低下的条件下，氏族部落在艰难生活、迁徙和战争中形成了弃老虐杀老人的习俗，后来一个老人帮助儿子找到水源，认辨奇怪的动物，找到金碗，挽救国家和人民于危难之中，老人用铁的事实使君主领悟他们聪明睿智，经验丰富。为了国家的长治久安和人们生活改善，君主便

---

① 《老人为什么受尊敬》，见《中华民族故事大系锡伯族民间故事》第13卷，上海文艺出版社1995年版，第417～420页。

② 花甲葬：活埋。

③ 《花甲葬的规矩是怎咋改变的》，见裴永镇《金德顺故事集》，上海文艺出版社1985年版，第62～63页。

不得不下令废除遗弃或虐杀老人的恶习。从此，老人受到人们的尊敬。进入文明社会以后，人们对老人价值的认识更多地体现在经验智慧和战术谋略上，诚如谚语所云：“家有老是个宝”，“凡事要好，须问三老”，“老将出马，一个顶俩”，“不听老人言，吃亏在眼前”，“家有老，千般好”，“姜是老的辣”等等。这一类故事正是通过老年人解答年轻人难以解答的难题，凸显他们的经验智慧。这些难题源于生活，它必须依赖于丰富的生活积累和对生活细心的观察才能解答，这是年轻人缺乏的，也是年轻人无法办得到的，时代要求必须废除“弃老”这一陋习。故事提醒人们老人是有用的，呼唤人们去关心老人、爱护老人和尊敬老人。

### （二）公案故事

社会矛盾重重，民间纠纷不断。孰是孰非，人们有自己的判断；孰真孰假，百姓有自己的认识。以公平裁决，辨明事实真相为主题的公案故事是中国民众智慧与愿望的结晶，其中“二母争子”和“五子告母”的故事就是典型。

颖川有富室，兄弟同居，两妇数月皆怀妊，长妇胎伤，因闭匿之。产期至，同到乳母舍。弟妇生男，夜因盗取之，争讼三年，州郡不能决。丞相黄霸出坐殿前，令卒抱儿，取两妇各十步。叱妇曰：“自往取之”。长妇抱持甚急，儿大啼叫，弟妇恐伤害之，因乃放与，因心甚怆怆，长妇甚喜。霸曰：“此弟子也。”责问乃伏。①

这则被东汉应劭记录下来的两妯娌争夺一男孩的故事，是“二母争子”故事中的精品。该类型故事在西亚、印度和中国等古代文明较为发达的地区流传盛广，并在美国学者斯蒂汤普森增订的《民间故事

① 吴树平校释《风俗通义校释》，天津人民出版社 1980 年版，第 433 页。

类型》一书中列为 AT926“所罗门的判决”。丁乃通在《中国民间故事类型索引》中，将中国这类型故事也编排在 926 号位置上，并分述中国同类故事的 17 个亚型和次亚型。

“二母争子”故事在我国集中流传在汉、藏、傣等民族之中。其内容一为抢夺孩子，一为抢夺财物。判案的形式为两妇人拉扯孩子和以刀劈物品，审判官从二人的态度和细微的动作变化判断真假。以断案为核心的“二母争子”故事，集中展示了法官的聪明智慧。故事围绕“分孩子”母题组织情节，寄寓思想，以分孩子作为判案的基准，以此表明老百姓对正义和公正的期盼。

“二母争子”故事以书面和口头形式活跃在广阔历史舞台上。广大民众喜爱它，文人雅士重视它；佛教故事里有它的位置，基督教经典中留有它的足迹。像这种受到俗民、僧众和三大宗教欢迎的民间故事并不多见。那么，为何会出现这种情形呢？我想主要得益于故事本身体现出来的文化精神。

“二母争子”故事揭示了人类伟大、无私的母爱。故事以两位妇人争夺一个幼小无力孩子为核心，在谁拉扯赢，孩子归谁，或干脆将孩子劈两半，一人一半的残酷事实面前，真母亲的亲子之爱油然而生，她将伤痛、爱恋深藏于心，宁可放弃爱子，也不愿让孩子受到一点伤害。当包公下令真假母亲以抢到孩子为赢时，亲生母亲扑到包公案前，呼喊着她不要孩子，泪流满面地说：“大人啊，你可想到一个四岁的孩子，那么水嫩，怎架着两个大人用力拉拽，纵然不死，也要残疾。儿是娘身上的肉，做娘的怎忍受，我不要和她争啦。”①

以“二母争子”故事为蓝本，由元代戏曲作家李潜夫创作的《包待制智勘灰阑记》，更是将这种亲子之情、无私母爱渲染到了极致。当

① 黎邦农编：《包公的传说》，光明日报出版社 1986 年版。

第一次真母亲张海棠不忍使劲拉扯孩子，包拯佯装发怒，命衙役张千痛打海棠。第二次拉扯，海棠仍不忍心使劲，结果又输了。于是包拯说："兀那妇人。我看你两次三番，不用些气力扯那孩儿。张千，选大棒子与我打着。"张海棠满含凄怆说道："妾身自嫁马员外，生下这孩儿，十月怀胎，三年乳哺，咽苦吐甜，煨干避湿，不知受了多少辛苦，方才抬举的他五岁。不争为这孩儿，两家硬夺，中间必有损伤。孩儿幼小，尚或扭折他胳膊。爷爷就打死小妇人，也不敢用力扯他出这灰栏外来。"① 就是连金城公主已将孩儿抱在怀里，狠毒的妃子喜登不顾孩子死活，硬来抢夺。金城公主怕抢伤了孩子，只好松开了手。② 所罗门命人劈孩子时，真母亲求饶道："求我主将孩子给那妇人吧！千万不可杀他。"③ 端正王判"各挽一手，谁能得者，即是其儿"时，"所生母者，于儿慈深，随从爱护，不忍拽挽。"④ 这些不同时代、不同民族、不同地域传承的"二母争子"故事，都是将真假母亲推向前台，在抢夺孩子的过程中判断曲直是非，以此颂扬伟大无私的母爱。

"二母争子"故事显示出人类追寻智慧的永恒主题。推崇智慧、崇尚知识是世界每个民族的优良传统，也是人类社会进步发展的强大动力，世界各国民众以不同的文化形式来表现这一主题也就不难理解。《圣经》中的所罗门国王，常常被描绘成一个英明、有远见卓识的理想君主。他不为自己求寿、求富，而是单求智慧。他机智聪慧、断案如神，以至"所罗门的智慧"演绎成了一个西方流行甚广的成语。我国汉民族更是将"智慧"、"聪明"作为衡量人的重要审美标准，以各

---

① 【明】臧敬叔：《元曲选》第3册，中华书局1958年版，第1127页。
② 廖东凡选编：《西藏民间故事选》，西藏人民出版社1984年版。
③ 中国基督教协会：《新旧约全书》，1987年印，第114页。
④ 常任侠编：《佛经文学故事选》，上海古籍出版社1982年版，第103页。

种故事，寄寓民众推崇智慧的思想。在灿若群星的中华智慧人物画廊里，宋代的包拯无疑是最具代表性的一个。自宋朝以后，无论是民众，还是文人，在塑造包拯形象时，均将他智慧的性格神化。明朝臧晋叔选编《元曲选》选录的150多个剧本，就有10部关于包公的戏，所有包公戏都集中叙述包公断案的故事。这些包公戏最为突出的特点是展示包公超人的智慧，诸如“智斩鲁斋郎”、“智勘后庭花”、“智赚合同文字”、“智赚生金阁”等。令人感兴趣的是，元代戏曲家同样将充满智慧的“二母争子”故事附会在包公身上，取名为“包待制智勘灰阑记”。这些反复出现在包公身上的“智”，是民众以超越时空的叙事手法，张扬智慧精神的结果。西藏民众对智慧的崇尚充盈在各类文献和艺术作品之中。深受西藏人民喜爱的“文成公主传说”，由多个智慧母题构成。成书于13世纪上半叶的《萨迦格言》，全面阐述了智者与国家兴亡的关系。“二母争子”故事正是在这种浓厚崇尚智慧的文化氛围中孕育、发展和传播。而故事中审判官的智慧却是来自于生活经验的积累。《佛本生故事儿子》的智者，凭其中一个不会眨眼的妇人就知道案件的真相。当二位妇人扯完孩子，智者问众人：“真母亲和假母亲，哪个心疼孩子?”“抓住孩子站着的和放开孩子站着的，哪个是真母亲?”很显然，智者凭借对母子情感的细致观察和微妙心理活动已判断案件的真相。因此，二母争子故事在张扬民众智慧的同时，也肯定了生活与智慧的因缘关系。

“二母争子”故事将人们对正义和公正的渴望放在最具有爱的环境下来权衡，通过真母与假母对孩子处于危险关头的细微变化，塑造了公正无私、明察秋毫、爱憎分明的清官形象。故事的判案人员在一遍又一遍的真伪辨析中，对案情反复琢磨和推理，通过情与理的较量，通过表面现象与内在心理的分析，最后对案情作出结论，把真相还给人民、还给社会，而不是屈打成招、不负责任地匆忙下结论，这些正是千百年来老百姓对“衙门口朝南开，有理无钱莫进来”的不平等社会的抨击，也是下层老百姓对清正廉明、公正无私的判官的真切呼唤。

“二母争子”故事不仅是许多文学家摄取的创作素材，而且一直是许多学者追踪研究的内容之一。出生于东汉，做过泰山太守的应劭从民间吸收那些充满义理智慧、清廉善直的传说故事，将其冠置在统治阶级身上，来宣讲他们的功德伟绩，播撒他们的美名，这就使我们在《风俗通义》中连续看到了太守薛宣断缣、丞相黄霸判子充满智慧、正直无私的官吏形象，它也表明东汉以前，“二母争子”故事在

绵竹年画《五子告母》　　（采自《中国民间故事集成四川卷》）

汉民族的民间社会就有流传。藏族“二母争子”故事最早录之于文献是公元8世纪的《巴协》，该书作者巴赛囊曾任西藏芒域地方官，并于公元8世纪到过印度大菩提寺、那烂陀寺朝礼。回来后携带不少的佛教经文以及自己学佛时的体会，编撰了一部弘扬佛教的文学名著《巴协》，书中收录了与《贤愚因缘经》“国王断案”故事如出一辙的“金城公主的传说”。傣族的《抢娃娃》，将“二母争子”故事附会在该族聪明人召玛贺身上。通过比较，我们发现傣族召玛贺系列故事与佛本生“大隧道本生”故事，无论是在故事类型，还是编排上有惊人的相似之处。因此，傣族“二母争子”故事，不管是通过佛教经籍传承，还是民间扩播，它源自印度，都不会让人感到意外。

### （三）经商故事

生意场上，有一套为商之道，诸如“生意人的三件宝：人能、讲信誉、门面好”、“钱财易得、信誉难得”、“生意人的良心无价宝”等。这些俗语告诉人们，讲诚信、讲良心是经商做生意人的首要道德规范，由此形成的商业故事在中国民间流传广泛，以“当良心”型故事最为典型。

生意人张掌柜回家过年，路遇落难女子，将积攒几年的银两救济了她。然而年关在即，妻儿盼他带钱回来买年货，无奈的张掌柜只好用自己的“良心”作当物。得知事情真相的典当行老板，预支银两让他渡度过难关。新年开市第一天，张掌柜用500两银子接下他人典当的一具“尸首”，典当行老板没有办法，只好让他把“尸首”抬回家，算作他的工钱。“尸首”到家后，张掌柜每天殷勤为他擦洗身子，不久，“尸首”变成了一尊金身。张掌柜让典当行老板抬走金人，典当行老板认为这是上天赐给他的而拒收，从此贫穷、善良的张掌柜过上了好日子。[①]

这是流传在辽宁省沈阳市，由著名故事家谭振山讲述，江帆采录的《当“良心”》故事。与该故事具有相似结构的还有湖北的《天地良心》、浙江的《当个“金菩萨”》、四川的《当“象棋”》，只不过湖北、浙江的当铺伙计换成了教书先生。2002 年 10 月，我在访谈土家族故事讲述人李国兴的时候，他给我们讲述了一个《当“良心”》的故事。故事里由典当摸不着、看不见的“良心”，变成可见可感的四个大字“天地良心”，故事情节变得更为现实、更为合理。四川《当“象棋”》则与“识宝”故事融为一体，典当者当的不是“良心”，而是一副价值连城的象棋。原来当铺伙计是个读书人，他懂得不少古董知识，在典当者来当象棋的时候，他“抓出一把棋子看了看，立时开了当票”，果不其然，该象棋是皇帝赐封的宝物。[②] 像这种结构的故事，在处理人们奉为至圣至宝的典当之物时，往往先抑后扬，由真相不明到真相大白，从而实现好人有好报的故事结局，它构成了我国“当良心”故事的第一种变体。

“当良心”故事的第二种变体以浙江海盐流传的《王先生开当》为代表。王先生在替张老板当伙计之时，见一可怜的妇女当裤子，给了她一两银子，却被老板解雇。王先生在众人帮助下也开起了当铺，想不到接的第一笔生意是当死婴。王先生在后园挖坑准备将孩子埋掉时，却挖出了一罐银子，小孩也活转过来。自此，王先生凭良心做生意，不仅意外地得到一个可爱的孩子，而且生意越做越大，最后挤垮

---

① 《当良心》，见刘守华、黄永林编选《中国民间故事精选》，华中理工大学出版社 1993 年版，第 234 ~ 240 页。

② 《中国民间故事集成四川卷》，中国 ISBN 中心 1997 年版，第 611 ~ 612 页。

李国兴在讲《当“良心”》　　林继富　摄

了处处与他作对的张老板。①

这个故事围绕生意人的“良心”组织结构，只不过王先生没有当“良心”，而是凭一颗善良的心赢得了众人的同情和支持而获得幸福。故事没有将死尸变成金身，而是置换为一个活生生的人。吉林流传的《当铺刘贪财》一反当“良心”故事结构的常态，尽管它也是围绕商人的经营道德组织故事，但是，它从反面宣讲贪财没有好下场的道理。当铺老板刘贪财由于贪得无厌喜欢占便宜，险些丢掉性命。② 它告诉人们，只有一颗善良的心才能赢得财富。

① 《王先生开当》，见浙江海盐县民间文学集成办公室编《中国民间故事集成海盐县卷》，1989 年印（内部资料），第 527 ~ 530 页。

② 《当铺刘贪财》，见《中国民间故事集成吉林卷》编辑委员会编《中国民间故事集成吉林卷》，中国文联出版公司 1996 年版，第 774 页。

商人以赚钱为目的，虽说“无商不奸”，但应“取之有道”。自古以来，商人在买卖往来中，存在着友善与狡诈两种行为。对此，老百姓认为：“工商贵：仁、信、和”、“做人讲人格，经商讲道德”、“人凭良心称凭砣”、“缺斤少两，称的是良心，少尺短寸，折寿自身”、“手是盘子眼是秤，良心就是定盘星”。当良心型故事紧紧地抓住商人品格的核心——“良心”，塑造了理想化的商人形象。

怀着颗滚烫炽热的“良心”，张掌柜将辛苦赚来的血汗钱救济了落难女子；王先生也深知用一两银子当回一条旧裤子的后果，但他们无怨无悔，哪怕会被炒鱿鱼，陷入全家挨饿、无法过年的窘境。这种助人为乐、先人后己的无私精神不正说明商人崇高人格的所在？

如果说典当行伙计是讲述者着意塑造理想化商人形象的话，那么，典当行老板则是立足于现实不断进行艺术化的结果。故事中，当铺老板无论是接下“良心”，还是接下“天地良心”几个赫然大字，都显示了他不贪婪、不敛财的品性。尽管他开当铺要赚钱，但仍具有起码的商人品格，他具有同情心，相信人总是好的，得知张掌柜、教书先生的境况后，接受了虚幻的“信用”担保，预支给他们的救急银两，在“良心值几个钱”的商业社会，这是多么难能可贵呀！当雇佣的伙计接当一具“死尸”时，典当行毕竟不是救济行，权衡再三，只好将伙计辞去，但此时的他仍讲信用，“你这几个月的工钱就不用细算了，我给你500两银子，没有现钱，你就把这具死尸抬走吧，什么时候人家来抽当，500两银子就是你的”①。这种务实而又具有良好品格的商人不正是人们千呼万唤的形象吗？面对“尸首”变成一尊金身，典当老板与伙计的态度又是怎样的呢？

张掌柜看到死尸变成了金人，合计“这个财太大了，何止500两

① 《当良心》，见刘守华、黄永林编选《中国民间故事精选》，华中理工大学出版社1993年版，第234～240页。

银子？自家收下可不妥当，冲着天地良心，也得给掌柜送去。”而老板却坚辞不受，他拍拍金人后背说：“‘天地良心’这四个字说得明白，这个金人是老天给你的赏赐。看起来，这为人做事真得讲良心啊！”①

经历了金人的考验，财东与伙计两位商人讲义道，有爱心，不贪财，他们宛如爱财而取之有道的谦谦君子，这样的商人深受百姓欢迎。在“良心”面前，当死尸，表面看起来，好像是神灵对他们的考验，浙江海宁的《当个“金菩萨”》就讲：“原来，当死尸的人是神仙变的，想试试店老板和教书先生是不是真的是好心人呢”。② 实质上，它反映了我国百姓对从事典当行业人员高尚人品的呼唤。“人变金身”的母题在中国民间文学中多次出现，诸如“张公百忍”故事中张公的“忍”，“忍”出了两位活人变金身，故事强调生活中“忍”的重要性。“当良心”型故事的“人变金身”却张扬商人的善良、不贪财、乐于助人的高尚行为。

当“良心”型故事无论环境的描写、形象的塑造，还是思想深度的开掘，均突出了中国民间商业故事的特点。故事以聚焦的方式凸现了商业故事的核心问题——“良心”，切中时弊而又不乏新意。

### （四）贪心故事

人民群众喜爱德性高、品性好的“老实人”，坚决唾弃、贬斥和批判品德坏、修养差、见钱就要、见利就占的人。在老百姓的故事世界，贪心不足，往往败事有余，最终毁灭自己的形象比比皆是，“人心不足蛇吞象”故事中的主人公就是代表。

---

① 《当良心》，见刘守华、黄永林编选《中国民间故事精选》，华中理工大学出版社 1993 年版，第 234 ~ 240 页。

② 《当了个金菩萨》，见《中国民间故事集成浙江卷》编辑委员会编《中国民间故事集成浙江卷》，中国 ISBN 中心 1997 年版，第 625 页。

一个人救助了一条大蛇，蛇为了报答人的救命之恩，告诉他日后有困难就到山中去找它；这个人为了满足自己的欲望，一再向蛇索取；蛇强忍疼痛，满足了恩人的要求；然而，当恩人割取蛇的肝和胆时，蛇忍不住疼痛，竟将贪心的恩人吞了下去。这类故事在全国各地流传广泛，主人公也成为贪得无厌者的代名词。

“人心不足蛇吞象”由救动物、动物报恩和贪心受罚组成。三个母题在故事中描写的详略轻重有别。比如，人救动物阶段，故事交代比较简单，打柴的樵夫在山里救下被老鹰追啄的蛇。为了报答恩人，蛇献出了自己的一只眼珠，使恩人过上荣华富贵的日子，并答应恩人有困难去找他。人为了满足自己的欲望，又挖去了蛇的另一个眼珠。这个知恩图报的蛇处处为恩人着想，人却处处想的是自己。故事在动物与人的行为对比中推进情节发展，其贪心受罚母题与知恩图报母题相随相依，只不过报恩的主角是蛇，贪心的主角是人。樵夫的贪心一步步实现，一步步加强，以致樵夫因贪心而毁灭了自己。因为救了蛇，蛇主动献眼珠，他心安理得地接受。樵夫得到梦寐以求的富有，本应该感谢蛇，然而，他却贪欲难抑，为获取宰相职务，答应了皇上荒唐的要求。他到山里找蛇，“换了一身破烂衣裳，装作很穷的样子，来到大山深处的青岩洞边，轻轻喊‘蛇，蛇，请你出来。’蛇从洞里钻出来问：‘恩人有何话说?’樵夫哭着说：‘那皇上得了夜明珠，不但不给封官，还把小人打了一顿。他责令我来找另一颗夜明珠，若寻不见，三天之内就要杀小人的头，请你替我想想办法吧!’”在这里，樵夫已经不是以前经常上山砍柴时的樵夫了，为了获取利益，他什么都敢做。更为恶劣的是，蛇将两只眼珠献给了他，本已有了荣华富贵并获得了宰相的位置，但是，樵夫还不满足。为了得到皇上承诺的半壁江山，他又去找蛇，要的是置蛇死地的胆和肝。这次他更加贪婪和恶毒，还带了刀斧手在青岩洞边埋伏起来，嘱咐说：“你们听着，蛇要是不肯献胆，你们就一拥而上，用乱刀把它剁死。”贪心简直到了令人发指的地步。当他提出要蛇肝和胆的要求时，蛇却表现出“滴水之恩当涌泉相报”的大度之气，蛇哈哈大笑，说：“恩人快起来，我非常乐意地帮你的忙，只是我的肝和胆长在肚子里，自己不好取出来，得劳你从我的嘴里钻进去拔。”然而，樵夫钻进蛇肚再也没有出来。[1] 故事把蛇的报恩和人的贪心放在一起，形成鲜明对比，在对比中突出了贪心的可怕后果，给人以警醒、以深刻的道德教育。在各地流传的“人心不足蛇吞象”故事结尾，讲述人常常以不同方式告诉听众“不知足的，将没有好下场。”老百姓总是在提醒人们不要贪心，不要敛财，不要不知足，要懂得适可而止，懂得知恩图报。因此，“人心不足蛇吞象”故事将贪心没有好下场作为故事的中心，在反复的报恩与贪心对比中，揭示普遍的社会问题和社会道德，也在不断地告诫人们“贪小便宜吃大亏”，“知足是君子，贪婪是小人”，“人心不满百，做了皇帝想国外”等深刻的为人之道。

“人心不足蛇吞象”故事的道德教化功能相当明显。老百姓不仅对孩子讲述，而且夫妻之间也通过讲述这个故事相互提醒做人不要贪心，相互告诫只有知足才能长乐的道理。“人心不足蛇吞象”虽说包含深刻的道理，却丝毫不见枯燥的说教痕迹。这归功于劳动人民在长期传讲中形成的巧妙的艺术创作手法。对比手法的运用突出了故事的主旨——男主人公形象前后对比和人与蛇形象对比产生的反差。故事中蕴涵了对贪心者的愤怒斥责，对报恩者的热情赞美。

与“人心不足蛇吞象”故事具有相似内容的还有《吕洞宾卖酒》中的店老板得到吕洞宾的帮助，将井水变成酒，饭馆生意越来越红火，老板也富了起来。后来，吕洞宾再次回到饭馆，问老板还有什么要求，

---

① 《人心不足蛇吞象》，见《中国民间故事集成甘肃卷》编辑委员会编《中国民间故事集成甘肃卷》，中国 ISBN 中心 2001 年版，第 589 ~ 590 页。

夫妻共话《人心不足蛇吞象》

老板却嫌井水变酒虽好，却没有酒糟喂猪。吕洞宾听了很生气，临走时题诗一首“山高不算高，人心比天高。白水当酒卖，还嫌没酒糟”。题完诗，把井水变酒的灵验收了回去，老板又变成以前的穷人。还有一类故事讲一个山洞里，有许多财宝，拿财宝的人必须在太阳升起以前离开取宝之地，否则就会被太阳烤死或埋在山洞里。一个贪心的人为了多得财宝，不听劝告，太阳升起时仍在往袋子里装财宝而丢掉了性命。

总之，在中国民间故事里，以贪心为主题的故事特别丰富，它以老百姓痛恨和厌恶的社会道德为对象进行创作，以此教育人们何为美、何为丑，何为善、何为恶，告诉人们如何才能够幸福地生活。

### （五）巧女故事

巧女故事重在表现女主人公的过人才智，她们凭借自己的机智、勇敢和才能，解决了各种与家庭或家族有复杂纠葛的难题，坚定地维护了自家的威严和自身的利益。巧女故事中，女主人公大多是生活在农村的已婚妇女。刁难或考验媳妇的难题，往往出自封建家族的“家长”之口。这些常人难以回答的难题，最终被聪慧的儿媳一一破解。因此，此类故事在中国也称为“巧媳妇”故事。我国的汉、满、蒙、朝鲜、苗、壮、侗、瑶、土家、布依、锡伯、白、黎、土族等30多个民族的老百姓塑造了形态各异的巧女形象。巧女故事也在欧洲、西亚、中亚等地广泛流传。

根据中国巧女故事别具匠心的传播型式，江帆教授曾将其概括为四种类型：

**智解隐喻型**：这类故事的难题通常是公公提出的隐喻或谜语，譬如：公公准许三个媳妇回娘家探亲，对她们分别提出下列要求：大儿媳可去三五天，二儿媳可去七八天，三儿媳可去半个月。但是要同时返回且分别带回礼物：“纸包风”、“纸包火”、“纸包水”。这些难题最后被三儿媳或三人路遇的巧女破解：三五天相乘，七八天相加都是十五天，三人都可回家半个月，所带的礼物分别是“扇子”、“灯笼”和“伞”。不同文本的故事会出现不同的隐喻，如有的故事中的公公索要的是“肉包骨”（枣）、“骨包肉”（鸡蛋或核桃）、不肥不瘦没骨头的肉（猪肚）；有的故事中隐谜是“龇牙瞪”（猪头）、“五眼全”（猪糕）等。在这类故事中，难题的数量都是根据儿媳妇的人数而设，如两个儿媳就设两个隐喻题，由另一巧女帮助两媳妇破解难题，最后该女因其聪明被娶为三儿媳。如三个儿媳则设三个隐喻题，三儿媳破解难题后，受到家长赏识而成了当家人。有的故事还采用多次设置隐喻难题的方法三番五次考验众儿媳，最后由最小的儿媳智解隐喻而获胜。这一类型故事的代表性文本有吉林的《放鹅女》、《大儿媳》、《聪明的王后》，四川的《巧媳妇》、《巧姑》，浙江的《九斤姑娘》，陕西的《聪明媳妇》等等。

**巧解两难型**：这类故事中女主人公的公公（或官吏、国王）提出两难式的或自相矛盾的问题要求女主人解答，例如，要求她既不能走路来，也不能骑着什么来；既不能穿着衣服来，也不能裸体来；既不许带礼物来也不许空着手来，等等。女主人公破解后，侧身坐在一只山羊背上，赤身裹着渔网而来，手握一小鸟，献礼物是小鸟飞去。总之，女主人公以聪明智慧顺利解决了难题。代表性的故事有四川的《翠莲拿夫》、《智斗县官》等。还有一种型式与上述故事情节既相近又稍有区别。这类故事中设置难题的公公（或官吏、国王）要求女主人公在极有限的条件下同时完成两件事，例如，公公拿出七尺布（或其他定量的原料），命媳妇做一件衣衫再做一条大手巾，或做一个褥单再做一个门帘。前两个儿媳妇都犯难了，三媳妇却做成了带长襟的衣衫，既是衣衫，长大襟又可当大手巾用，或在七尺褥单上缝上两个扣襻，既是褥单，挂起来又是门帘，破解了两难题。吉林的《三儿媳当家》就是这类故事的代表。

**巧妙避讳型**：这类故事公公的姓名里有个字音在生活中常常使用，按中国传统的禁忌习俗，晚辈儿女、媳妇在说话时应回避这些字音。某公公名字中有“九”字，公公本人或公公的朋友有意考验儿媳，对话中大量用“九”字或与“九”谐音的词语，以此为难题，考验媳妇能否避讳，结果儿媳巧妙地避开了“九”字音，赢得了公公及众人的称赞。她所运用的替代词语为：“九”字是“三三”、“四五”、“一三五”；“九月九日”称“重阳”；“韭菜”称“扁豆菜”、“镰割菜”等；“酒”称作“烧黄二”、“烧刀子”、“连盅数”、“八加一”等。代表性故事有吉林的《戒酒》、《酒鬼的老婆》，陕西的《村夫为丈夫禁酒》等。

**反问难题型**：这类故事也称“以难制难”型。故事中某县官或书生故意出题刁难某农妇，这些难题不是模棱两可就是不着边际，或是有意羞辱对方。农妇没有直接回答难题，而是针锋相对地提出一连串的同类难题反问对方或反嘲对方，迫使对方羞愧服输。常见的以难制难的互问有，男问："你公公一天能锄多少锄头的地?"女反问"你一天骑马走多少步的路?"男将一只脚踩在马蹬上，另一只脚落在地上，问："你看我现在是上马去还是下马来?"女将双脚跨在门槛上，一脚门里一脚门外反问："你看我现在是进门还是出门?"在不同的故事中，还有男向女要一条河水那样多的酒，山一样重的肉，与天一样宽和路一样长的布；女给对方拿来了一个桶或斗，一杆秤和一把尺，要求对方先舀一舀河水多少桶，称一下山有多少斤，量一量天宽多少丈，路长多少尺，以便她照数去准备。巧女针对对方的难题给予同类的反问，且难倒对方，这些充分体现了巧女的聪明才慧。①

在中国农村，劳动人民为了谋取生存资料和维系家庭生活，无论男女都必须从事一定的劳动，"男耕女织"是中国农民家庭劳动分工的典型形式。男人在外生产耕作，妇女在家缝洗浆补，操持家务。但是遇到农忙时，她们也要下地干活：插秧除草、施肥浇园。在生活条件极其艰苦的情况下，妇女为了创建和维护家庭生活，必须付出艰苦的劳动，来支撑家庭的"半边天"。同时，她们还要用自己的智慧协同家人（父母兄弟或丈夫）同统治阶级的剥削与压迫作斗争。劳动妇女在家庭中举足轻重的地位正是巧女故事得以产生和流传的主要原因。丁乃通先生曾说，中国农民在工余闲暇无事时所编造和讲述的故事往往不会受到封建礼教的压力，旧时的传统人物不会过多地干涉，耸耸肩、挤挤眼、一笑而置，因而，从他们口中讲出的故事最能表达他们的心声。他们希望家中有一位聪明能干的女性，这种呼唤从他们讲述的巧女故事中表现出来。同时，现实生活中的女"强人"为巧女故事的产生提供了资源。中国男尊女卑的封建社会，女人始终被压制在男

① 刘守华主编《中国民间故事类型研究》，华中师范大学出版社 2002 年版，第 637～641 页。

权控制的三纲五常下，但女性从未放弃过反抗。历史上，女性无论在生理上还是才智上都不亚于男性。这些女性智慧和女性传奇成为民间巧女故事创作和流传的强大精神动力。

巧女故事歌颂了劳动女性的独立自主与聪明才智。故事中的女主人公并不因自己为女性而低眉顺眼，恰恰相反，她们站在家族或家庭的最前面，嬉笑怒骂，冷嘲热讽，用自己的智慧同封建恶势力作斗争，化解家庭内部或外部的矛盾。巧女故事对封建时代的妇女"德才观"提出了挑战。统治阶级通过"女子无才便是德"对广大的劳动妇女进行愚民教育，让广大女性成为俯首帖耳的工具和玩物。巧女故事提倡"德才一元"的"德才观"，鼓励女子有才，以自己的智慧维护家庭或家族的利益。当然，我们也看到了这些故事一般以小农经济为生活背景，主人公的活动范围比较狭窄，她的才智表现因此而受到限制。有些故事甚至还表现了小农的狭隘心理，例如公爹因为媳妇能干而十分得意，竟在门口贴上"几家能及我，万事不求人"的对联。对于故事中的消极思想，我们读者要有选择地阅读。① 无论巧女故事包含怎样的思想，其故事基调则积极向上而又昂扬勃发，可以说在民间巧女的世界充满着欢乐、充满着阳光和希望。

中国巧女故事像一首首历史的赞歌，歌颂着生活在封建社会中的广大女性的聪明机智、勤劳善良。虽然各地流传的巧女故事具有不同的思想内容和艺术特性，但各种手法运用的目的就是展现女性的品格。如在福建流传的《九斤姑娘》② 讲的是圆桶师傅王老实的女儿——九斤替父巧解难题的故事。故事一开头就提出智巧的问题。

一个圩日，王老实挑担在圩上卖，遇到家道殷实的石二。石二说：

---

① 《巧女的故事》，上海文艺出版社 1981 年版，第 233 页。

② 《九斤姑娘》，见《中国民间故事集成福建卷》编辑委员会编《中国民间故事集成福建卷》，中国 ISBN 中心出版 1998 年版，第 706～707 页。

"我想买件木器，可忘记带钱来了，你明天到我家再拿好吧?"王老实说："我不认识你，怎么向你拿呢?"石二说："我叫石二，家住本镇，门口扫把朝天，左边叮当响，右边闹哄哄。"难题出来了，把王老实难倒了，但却考不倒九斤姑娘。

王老实回家后把圩上的事告诉九斤。九斤听了，说："这有什么值得生气的，明天去拿钱就是了。"王老实说："我又不知道他住在哪里，你叫我去哪里拿?"九斤姑娘说："他不是告诉你了?"王老实说"他说话像谜语，我猜不出来。"九斤姑娘说："他家门前扫把朝天，是一棵棕树；左边叮当响，是铁匠铺；右边闹哄哄，是学堂，这就好找了。"

第二天，王老实按照九斤所说，果真找到了石二要到了钱。石二得知王老石是久闻大名的九斤姑娘的爸爸，连忙杀鸡宰鹅，热情款待，并有意将九斤娶为儿媳。为了再试试九斤姑娘的才智，他给王老实出了第二个难题。

石二说："你帮我做一个早上桶，一个中午桶，一个倒吊金丝桶，一个晚上桶吧。"王老实在女儿的点化下，做了一个早上桶——洗米桶、一个中午桶——送饭桶、一个倒吊金丝桶——打水桶、一个晚上桶——尿桶。但石二并没有就此罢休，而是提出了第三个难题，"再给我做一样上没天，下没地，中间一个孔，千军万马闹哄哄吧。"九斤姑娘再次破解了难题，让父亲做一个蜂箱交给石二。

石二和九斤交手三个回合以后，真正领教了九斤姑娘的智慧。在酒桌上，他真诚地向王老实提亲，两人结为了儿女亲家。

故事发展到这儿，主人公九斤姑娘从"巧姑娘"转变为"巧媳妇"，完成了身份的转化。有趣的是，这种转化多是在破解难题，赢得肯定之后得以完成的，像河南的《孔巧珍》，辽宁的《灵媳妇》等故事有异曲同工之妙。

故事在此并没有结束。王石因为在提出难题和解答难题中找到了儿媳妇，媳妇进门后，他以同样的方式考验儿媳妇。故事充满着浓浓的生活气息和乡土文化精神。

结婚后，石二看到几个儿子都已成亲，自己也该享享清福了，于是召集三个儿媳来，对她们说："我买了五尺布，要做几件东西，一件是面帕，一件是钱袋，一件是被子，一件是衣服。谁能做出来，这个家就交给谁管。"

过了两天，九斤姑娘拿了件长衫给公爹说："爹，你要的东西做好了。"石二看了就故意问道："我要的是四样东西呀！怎么只做一件呢？"九斤姑娘答道："爹，你要的四样东西都在这里边，袖子可作面帕擦汗，衣袋可当钱袋用，白天长衫当衣服穿，晚上又可作被盖，这四样东西都齐全了。"石二听了，十分高兴，两个嫂子也自愧不如。石二就把家交给九斤姑娘来掌管了。

巧女运用自己的智慧和机巧赢得了人们的尊重，赢得了相应的社会地位和家庭权力。巧女故事在解答难题中完成人物性格的塑造，这种难题充满着浓郁的乡土情结和乡土气息。所有的难题来自于老百姓的生活常识，解答的方法是老百姓对生活的提炼和对生活经验的运用，因此，巧女故事中的巧女是生活中女性形象的艺术化和生活化，其形象鲜明生动、丰满动人。

### （六）呆女婿故事

呆女婿故事又叫憨女婿故事、苕女婿故事、瓜女婿故事。在中国早期的文献中散见于各类野史笔记和笑话集中，如后汉邯郸淳著的《笑林》，隋侯白撰写的《启颜录》，明朝冯梦龙编的《笑府》等作品集中均有以呆女婿为形象的故事。20 世纪 30 年代林兰编辑的《呆女婿故事》的出版，引起了学者对这类故事的广泛注意和深入研究。随后的50年代，中国民间故事的搜集和整理工作不断展开，尤其是1984年以后开展大规模中国民间故事采录，流传在各个地方的呆女婿故事被搜集上来。这类故事在今天的民间具有强大的生命力和广泛的流播市场，深受老百姓的喜爱。

呆女婿以呆出名、以呆成趣、以呆说事。呆女婿故事以简短的篇幅熔事、情、理于一炉，使得故事"呆"趣横生，"呆"中藏智，"呆"中见笑，从而传达出老百姓对生活的乐观与处事的机灵。呆女婿故事与巧女故事一样是以故事的主角进行界定，因此，根据呆女婿的行为表现，呆女婿故事大致分为两种类型：愚笨的呆女婿故事和聪明的"呆"女婿故事。

愚笨的呆女婿故事是我国学人常指的呆女婿故事。钟敬文先生曾经将它分为三类，即拙于礼俗的应付、对于性行为的外行和其他种种愚蠢行为。[①] 根据业已采录上来的故事材料，我们可以将这类呆女婿故事概括为以下两种变体：

不懂事理人情的呆女婿往往因为不懂世事、不谙情理，闹出笑话。诸如刘德培的《两个女婿》讲道：

大女婿乖巧，幺女婿苕。大女婿在回答丈人的问题时，总是有理而讨得欢心。苕女婿总是以"这是生就的"作答。当问到"你看我这嘴白胡子怎么样"时，苕女婿还是说"这你生就的"时，丈人告诉他哥哥对这个问题回答是"你年高有德，恭喜你的胡须好白"，苕女婿马上接过来"哦，你年高有德，就胡须好白，看那羊子下下来只有年把多，就长那么一嘴白胡子，它好大个高龄哪？好大的德性在哪

① 《呆女婿故事试论》，见《钟敬文民间文学论集》（下），上海文艺出版社1985年版，第237页。

里呀?"①

这类故事实质是对社会伦理制度的消解、民间礼俗的颠覆。故事中，苕女婿憨厚而不令人讨厌，故事通过前面不断运用同一种方式回答，虽然结尾处呆女婿对问题回答相当在理，却于人情来说又相当地不在理，从而，违背了伦理尊卑、长幼有序的社会秩序闹出笑话，在笑声中传达出老百姓的生活态度与生活观念。

女婿的呆傻不开窍，源于缺乏起码的生活常识。妻子为了不失面子教呆婿说吉利话，或是学会应对各种场合，开始进行得很顺利，结果因呆子不知变通总是弄巧成拙，使妻子大失所望。流传在甘肃通渭县的《瓜女婿》讲：

媳妇让瓜女婿去买新衣服，交代"拣匝密些的布扯上，再买上些针和线"，瓜女婿一路走，一路念，被石头绊一脚，原来念的"布、针和线"改念成"布、盆和罐"。怎么也找不到匝密些的布，最后看到纸不透光，认为匝密，就买些纸和盆罐回来。媳妇告诉他到丈人家，看到胡子长的就磕头，因为爸爸胡子最长。瓜女婿看到了山羊，就扑倒在山羊前，不断地磕头。三个女婿祝寿时，两个说得都是寿比水长、寿比路长，瓜女婿却说，寿比指头还长。回家时，丈母娘给他装了黑谷和油，他却认为是蛇蚤王而将黑谷和油洒满一地。瓜女婿又因媳妇教的几句话用错地方而弄得人哭笑不得。看到送丧的，他说"恭喜恭喜"；看见烧瓦的，他在那里大哭大闹；看见别人家着火，他却说火烧得好；看见两个人打架，他帮他们一起打等等。②

瓜女婿一系列行为与处理事情的常规形成了强烈对比而产生强烈

---

① 刘德培讲述，王作栋整理《新笑府》，上海文艺出版社 1989 年版，第 340～342 页。

② 《瓜女婿》，见《中国民间故事集成甘肃卷》编辑委员会编《中国民间故事集成甘肃卷》，中国 ISBN 中心 2001 年版，第 745～746 页。

反差，在无奈、诙谐中说明瓜女婿对生活上的事情和事理一窍不通，其愚蠢、其笨拙到了忍无可忍的搞笑地步。

如果说呆女婿的日常生活知识和社会交往知识极度贫乏，那么，他对性行为的一窍不通则让我们看到了农村性教育、农民性知识的一纸空白。呆女婿在夫妻生活上不开窍，表现为起初不懂房事，后来在妻子指导下享受到快乐，却又甚为迷恋；有的误解了母亲的指导，也不知道什么是房事。流传在土家山寨《找快活》中的这位傻丈夫对性知识的无知简直让人目瞪口呆：

一个撞膀①伢呢，结了婚，他就不晓得跟女的发生关系。这个女的呢，就横直慢点摸啊，捏啊，慢点往身上抱啊。好，这一下了发生了一回关系啦，这个咋的，这个撞膀伢子呢就兴趣来啦，他就问这个姑娘婆，他说“这是什么子啊？”她说“这叫快活。”他就横直呢跟着她走到这里要快活，走到那里要快活。好，这个咋的，那天这个姑娘婆到堰上去洗衣裳去，好，洗衣裳去呢，他也跟到去要快活。这个姑娘婆就有点烦，当时就拿个东西朝水里一甩，她说“我甩了它”。好，这下甩了呢，这个撞膀伢呢，连忙就把衣裳一脱，下堰里去摸去，冻的要死。

好，这下碰到一个货郎子卖货的打从那里过，看到了，那么冷呢，他在堰里摸，他就问“你在那里做什么啊？”他说“我的快活掉了，我在找快活。”这个货郎子呢，就想，这是个好事情啦，他把衣裳一脱，也下到堰里去摸，摸呀摸，就抵不住了，太冷啦，就吹手吵。撞膀看到啦，他说“啊，你把我的快活吃了，你把我的快活吃了。”末后呢，两个人在水里打起架来啦。②

---

① 撞膀：呆头呆脑的傻瓜。

② 刘华阶讲述，林继富采录，采录时间：2006年7月28日上午，采录地点；武落钟离山刘华阶家。

呆女婿故事中以性为主题的内容在我国各个民族中都有广泛的流传，也是农民兄弟最喜爱听的故事之一。小孩不在场、姑娘不在场，就成为成年男子津津乐道的话题了，他们在笑声中领会性知识，在幽默中接受性的教育。以性为主题的呆女婿故事里中的呆女婿虽然可笑，但也憨厚，其面目并不令人憎恶。

还有一类傻女婿为掩饰自己的呆拙或某种缺陷，想尽办法弥补、遮掩，结果欲盖弥彰，反成笑柄。王忱石编的《民间故事》中收有《走路写字》一则，便是三个既呆又有某种生理缺陷的女婿为了遮丑，便想出"走路写字"一招，自以为聪明，却因装模作样的姿态被众人识破而成笑谈。

这些故事中体现的呆女婿愚笨、迂拙，主要因为生活知识的缺乏、生理上的不开窍造成的，老百姓对这类故事中的呆女婿不是嘲笑和讽刺，更多的是贯穿着对他们的教育和某些缺点的善意的批评。

当然，呆女婿并不都是一味的傻和呆，而是在呆中透露出灵气，在傻中见出聪明，聪明的"呆"女婿故事中的女婿就是这类故事的代表。这类呆女婿并不呆，只是因为社会地位低下而被人看不起，尤其是被势利的丈人和其他有较高地位的连襟瞧不起，代表性的故事为"三女婿祝寿"。三女婿祝寿的故事大致可分为击败连襟和羞辱岳父两个变体。

击败连襟的呆女婿故事主要是在岳父家祝寿时，三个女婿通过才智较量，以此映射家庭与社会文化的不同侧面。这类故事出场的是三个女婿，其他两个连襟的地位和才学较高，唯独三女婿是种田的农民。两个哥哥看不起出身低下的"呆"女婿是庄稼人，故意出难题考他，结果自取其辱。如《三女婿对诗》讲：

老财主有三个女婿，大女婿文官、二女婿武官、三女婿庄稼汉。一天老财主过寿，大女婿和二女婿认为与三女婿一起吃饭，有失身份，就合计在酒席上用对诗来戏弄他。对诗的条件是分别用上“本是一家”、“多两个翅”、“是也不是”。大女婿说：“龙和鱼本是一家，鱼比龙多两个翅，人都说龙是鱼变的，不知是也不是?”二女婿说“老鼠和蝙蝠本是一家，蝙蝠比老鼠多两个翅，人都说蝙蝠是老鼠变的，不知是也不是?”对完后，大女婿、二女婿互相吹捧。三女婿就说“咱三人拜寿本是一家，我比二位姐夫多两个翅（戴的帽子），人都说你俩是我养的，你说是也不是?”气得文武二官拍桌大怒：“胡说，你敢骂人，谁是你养的?”三女婿说“二位姐夫息怒。请问哪个文臣武将，不吃我们庄稼人的粮，不靠庄稼人养活?”从此，他俩再也不敢戏弄三女婿了。①

福建的同类故事中，文官老爷和武官老爷明知给种田佬占了便宜，也不得不敬种田佬三杯酒。②

这类故事将三个不同身份的女婿置放在一种时空场域内，通过描写大女婿和二女婿擅长的吟诗作对比赛，反衬“文盲”三女婿战胜饱读诗书的文状元和武状元的智慧。处于劣势的一方让强势的一方在公众场合出丑，让在现实面前低头，建立和完善了自我形象，完成了对社会底层百姓丰富生活知识和机警聪慧品质的肯定，在朗朗的笑声中传达出生活的道理。

羞辱岳父型呆女婿故事中的呆女婿同样是聪明的庄稼汉，只不过因社会地位低下而遭到岳父的不满。岳父对三个女婿的不同态度、语言和行为看不起种田的三女婿。然而，三女婿却巧妙地利用机巧的语言和行为羞辱岳丈老人，三女婿在机智和巧妙中维护了自己的尊严和身份。明代《笑海千金》一则故事讲道：

① 《三女婿对诗》，见中国民间故事集成甘肃卷》编辑委员会编《中国民间故事集成甘肃卷》，中国 ISBN 中心 2001 年版，第 746 ~ 747 页。

② 《三女婿对酒令》，见《中国民间故事集成福建卷》编辑委员会编《中国民间故事集成福建卷》，中国 ISBN 中心出版 1998 版，第 723 ~ 724 页。

三姨佬故事讲述现场　　林继富　摄

有富翁生三女：长女次女俱适（嫁）秀才，幼女只嫁常人。一日，富翁生辰，三女婿齐来上寿。翁见长婿次婿言谈斯文，小婿村俗相齿（次列）。一日设席，翁曰："今日卑老，无肴相陪，筵中不许胡言乱语。"酒行数巡，岳父举箸请大婿酒食。大婿欠身（身略侧重，作欲起状，表尊敬）答云："君子谋道不谋食"翁大喜。酒至半酣，举盏请次婿饮酒。次婿起居答曰："唯酒无量，不及乱"翁亦甚喜。岳母见夫只劝长婿次婿二人酒食，遂乃举杯酌酒，请小婿饮酒。小婿昂然欠身起谓岳母曰："我和你酒逢知己千杯少"。翁怒骂曰："这畜生如此假乖，说什么斯文？"小婿掷盏起曰："我与你话不投机半句多。"①

小女婿因不满岳父歧视，借岳母酌酒之机，应景而作，一语双关，体现了民间口语精练、含蓄，具有极强表现力的美。

羞辱岳丈的呆女婿故事没有激烈的言词，没有面对面的对抗，有

① 王利器选《历代笑话集》，上海古典文学出版社1956年版，第414页。

的只是使用巧妙语言影射对岳丈势利行为的嘲讽。

从前有个人，大女婿和二女婿都是读书人，家里很富实，唯有三女婿是庄稼汉。每次三个女婿到他家，他都不一样看待，大女婿和二女婿睡牙床，盖好铺盖，三女婿睡破床，盖又短又薄又烂的铺盖。一次，三个女婿给他祝寿。他不想让三女婿入席，又不好明说，就想出难题把三女婿难住。他说："你们各说一段顺口溜，顺口溜的每一句都要说"出头"，第一句说上出头，第二句说下出头，第三句说两出头，第四句说不出头。说得好吃酒吃菜，说不好就不吃。"大女婿说："上字上出头，下字下出头，卡字两出头，一字不出头。"二女婿接着说："由字上出头，甲字下出头，申字两出头，田字不出头。"三女婿想起了每回到老丈人家受的气，说道："每回我到这里来盖的铺盖都是：下扯上出头，上扯下出头，不扯两出头，卷起不出头。"说完，哪个都不看，端起酒杯一口把酒喝干了。①

呆女婿故事除了通过语言反击势利的岳丈以外，还有的三女婿用实际行动给丈人以有力的还击。

木匠王立在丈人的寿宴上被当众奚落后，气愤不过，决意读书。五年后他中了进士，回家时又遇到丈人做寿。他还是穿着破烂衣裳，想看看丈人咋个做。丈人不信王立会考取，想出个说字考三个女婿。大女婿说："拿丛字讲：上面是两个大人，下面是一横木，朽木不可雕也。"二女婿说："拿坐字讲，两边坐的大人，下面一堆土，粪土做墙，不可用也。"王立说："拿众字讲，下面两边坐的是小人，我上面坐的是大人，不可比也。"突然，外面人报：王姑爷送来的寿衣寿帽到！老丈人知道王立中进士了，嘿嘿笑个不完。王立看到丈人是这样

---

① 《三女婿拜寿》，见重庆市巴县民间文学三套集成编辑委员会编《中国民间故事集成重庆市巴县卷》（下），1989年印，第399~400页。

一个人，做官走了。大女婿和二女婿也不理他，他差点儿气死了。[1]

羞辱岳丈的呆女婿故事主要针对岳丈势利眼的弱点构思情节，故事也是在与其他女婿的对比中完成其情节的发展，但是故事的落脚点不是在其他女婿身上，而是针对岳丈的行为和言论，从而揭示了家庭生活另一个方面的内容。

无论哪一种类型的呆女婿故事，其基础都是老百姓的生活，都是对生活的夸张、虚构使其升华为故事情节，比如，三女婿祝寿的故事就立足于我国拜寿祝寿的民间习俗。这种习俗上至皇亲国戚，下至黎民百姓，每逢长辈寿辰，家人都要热热闹闹地置办宴席，亲人们借此团聚，共同祈愿寿星福寿延年。丈人寿诞，女婿拜寿天经地义，因此，故事对这类生活与风俗进行艺术描写就成为必然了。

新女婿上门遭遇各种刁难，行各类大礼，经历一关又一关的考验，旁人就欢天喜地地看热闹。这些现实生活的内容都反映在呆女婿故事里，诸如呆女婿吃饭只有一只筷子，姑娘们捉弄呆女婿等。但是，故事并不是对生活的如实描写，而是在此基础上创造出奇、生动的情节，使故事极富感染力和概括性。呆女婿故事既富有浓郁的生活气息，又经过巧妙的夸张虚构，突出人物滑稽可笑的本质，使读者备感趣味横生，从而使故事本身具有引人入胜的独特魅力。

在生活中，人们既喜欢谈论机智、聪明的人，也爱把他们身边被认为是愚呆笨拙的人和事经过夸大集中附会在某一类人身上，呆女婿便成了集中愚呆人性的箭垛式人物。呆女婿故事中的呆女婿种种表现异于生活而制造出的许多笑声，主要归结为：

记性差。在呆女婿故事中，呆女婿学一个词，或一句话、一个动作，即使一路念，碰到突发事件的干扰便忘得干干净净。比如：《借布

---

① 《三个女婿》，见《中国民间故事集成四川卷》编辑委员会编《中国民间故事集成四川卷》（下），中国 ISBN 中心 1998 年版，第 1398 ~ 1400 页。

机》中的呆子到岳母家借布机，忘记借何物，说成了“肚饥”，岳母招待他饮食，仍叫嚷着“肚饥”不止。

时空混乱，机械刻板。呆女婿搞不清自己所处的时空位置，他经常在此时此地发表一些彼时彼地才该有的言论，因而处处吃亏挨打。看见人家屋里着火，该浇水吧，偏喊“红火”；铁匠打铁该喊“红火”，却愣头愣脑的跑上去浇了一桶水，把铁匠炉子泼灭了，还以为是帮人救火；对着出殡的人家贺喜；挑水看见两牛争斗便去劝架，结果自己受了重伤。本是一副热心肠，却因说话不看时间、场合，落得一个人人喊打的结局。

不善于随机应变。呆女婿往往将学来的东西不顾时间、对象、场合，机械地套用。妻子为了不让丈夫在宴会的礼节上出丑，便在他背后系一根绳子，通过牵绳把握吃菜的节奏，后来妻子因事离开，在绳上缚了一根骨头，结果狗见骨头又抓又啃，不停地牵动绳子，呆婿便不停地夹菜，丑态百出。新婚不久到丈人家吃饭，媳妇告诉丈夫，听到她的鼓点就吃一下。开始还行，媳妇一上厕所，小孩拿过鼓，不停地敲，傻子丈夫听到鼓声忙着吃。丈人说：“别着急，饭菜有的是。”傻子说：“还赶不上点”。①

概念不清，推理错误。明代冯梦龙《广笑府》中记一呆婿每次赴妻家宴会，常被诸婿压坐下位，他妻子便叮嘱他赴宴一定要“高处”。等到开宴时，呆婿却爬到庭中的梯子上坐好了，其妻怒目示意，呆婿却不明其意，大声叫道，“终不成叫我到天上坐’”在这里，妻子所指的“高处”是指宴会中的上位，而呆婿却把它理解成“高的地方”，这就违背了同一律，导致其行为荒唐，言论滑稽。

在许多故事里，呆女婿都是心地纯正善良，只是由于脑子少长两

---

① 《赶不上点》，见《中国民间故事集成辽宁分卷盘山资料本》，1986 年印。

根弦，肠子少拐几道弯，考虑不周，好心办错了事。呆女婿故事正是用幽默的手法，善意的嘲讽来逗趣、逗乐，引人发笑。

呆女婿故事得到人们的普遍接受，具有不同寻常的意义，主要体现在：

对已有社会秩序的颠覆。身为庄稼汉，被丈人和连襟视为呆子的三女婿，在大姐夫、二姐夫怠慢捉弄他时，却显示出特别的聪明、机智，能恰到好处地给予对方有力的还击，维护了穷人的尊严。故事里的丈人是财主或官人，其他女婿一般是秀才、富人或有身份的人，三女婿则是种田人。故事里的呆女婿，无名无姓，不是指某一个具体的人，而是一类人的泛指，丈人、大女婿和二女婿也并非具体所指，代表了社会的上层。这些中国民间社会的两类人物组成了故事的基本矛盾，故事在开始的时候，往往是代表上层阶级的占上风，遵守的是上层阶级的规矩与礼俗，他们以吟诗作对来刁难种田的女婿。随着故事一步一步向前推进，三女婿逐渐从守转为攻，从而将上层社会的丑恶嘴脸无情地彻底撕毁，有力地颠覆了民间社会的秩序，给“富贵者”以沉重打击。

地主有三个女儿，老大嫁给了文状元，老二嫁给了武状元，只有老三嫁给了庄稼汉。这年老丈人六十六大寿，三个女婿都来拜寿。酒席上，老地主看看大女婿二女婿，越看越高兴。再看三女婿，越看越生气，就生了鬼点子，想把三女婿轰走。他说：“你们三个一人作一首诗，谁作出来谁喝酒，谁不会作就叫他端盘子提壶。”大女婿、二女婿都极力赞成，一来想趁机显显自己的才学，二来想出出三女婿的丑。三女婿一听知道老丈人没安好心，只好骑驴看唱本走着瞧。老丈人接着说：“咱做诗都以自己家里的东西为题，先说天上飞的，再说地上走的，三说屋里放的，四说厨房里使唤的。”大女婿觉得正对自己的劲，摇头摆尾地说：“天上飞的是鸳鸯，地上走的是绵羊，屋里放的是文章，厨房里面使唤的是秋香。”二女婿说：“天上飞的是斑鸠，地上走的是牯牛，屋里放的是《春秋》，厨房里面使唤的是丫头。”三女婿一听，做诗原来是这么回事，想了想说：“天上飞的是鸟枪，打你的鸳鸯和斑鸠，地上走的是虎狼，吃你的绵羊和牯牛，屋里放的是炉火，烧你的文章和《春秋》，家里使唤的是儿郎，配你的秋香和丫头。”听得三人目瞪口呆。①

在尊儒崇文、学优则仕的封建社会里，“万般皆下品，唯有读书高。”大女婿寒窗苦读，科举入仕，是封建知识分子梦寐以求的人生理想。习一身武艺，沙场立功，成为另一条升官路线。农民不仅在社会上被人轻视，就是在家庭聚会中也没有平等和尊严，成为家人奚落嘲讽的对象。故事将三个女婿做文状元、武状元、庄稼汉构成一对矛盾，穷女婿以精彩的诗对巧妙地回敬了冒犯者，让状元们威风扫地。三女婿祝寿故事通过塑造机智幽默、爱憎分明的穷女婿形象，揭示深刻的社会问题，既富有生活情趣，又传达出人们渴望伸张社会家庭公理的强烈愿望，从而无情地颠倒了以身份和职业划分的社会等级秩序。

呆女婿具有明显的知识传授功能，这种功能主要通过非正统的渠道得以传授，通过故事的讲述得以传授；通过反面的破坏性的方式建立正面的知识，从而完成民间知识的代代传续。

从前有个员外嫌贫爱富，他有两个女婿一穷一富。这天他七十岁生日，两女婿都来拜寿，他办了一酒席，想叫富女婿吃，不想要穷女婿吃，就心生一计，说道：“今天我引你俩去外面看看风景，试试口才，哪个说得好，就来喝酒，说得不好，就自己回家。”三人走到一棵柏树旁，员外问：“这棵柏树么样才得这样青？”穷女婿说：“这树大根深，枝叶茂盛，根下的土肉又肥又厚，自然长得青。”富女婿对着岳

① 刘守华、黄永林编：《中国民间故事精选》，华中理工大学出版社 1995 年版，第 325～327 页。

丈讨好说："柏树是实心，一年四季青。"穷女婿就反问他："要说实心能长青，那竹园的竹子都是空心，么样也是一年四季青?"三人来到塘边，员外指着塘里的鹅问道："这塘里的鹅怎么大声嘎?"富女婿想一箭双雕，有意说道："它颈长身体大，见穷人就高声嘎。"穷女婿晓得是在耻笑他，说："鹅在塘里放，见生人来了自然有些嘎，它是个畜生，么样分得穷与富。我问你，那青蛙没得颈，么样整夜都在哇!"员外看见一棵树就问："么样这棵树长个大结疤?"那富女婿刚吃了闷心亏，不做声。穷女婿说："这是树自然生成的，小时有结疤，长大了也是个疤。"富女婿说："依我看是放牛伢剁了一刀，树老了就长疤。"穷女婿反驳道："丈母娘颈上，不见得哪个剁一刀，么样长个大肉疤!"一席话说得二人无言以对。①

穷女婿虽大字不识，却深谙事理。这些事理和知识是民间社会独有的，因此，统治阶级往往以知书来谈论事理、以知书来衡定社会地位，这些恰恰反映了他们知识的有限和狭窄，反映了他们对民间知识的无知和偏见。呆女婿故事正是通过三女婿大智若愚，刻画了三女婿具有丰富的地方知识，他常常在为丈人祝寿的集体场合，利用自己的民间知识和灵活机变奚落丈人和两个女婿，在奚落和嘲笑中传授生活知识。同时，呆女婿故事中对呆女婿不懂房事的描写，也是通过非正常渠道传授性知识，这些成为老百姓生动的知识教科书，在民间社会发挥着重要的作用。

总之，呆女婿故事以现实中常常被人忽视的社会关系和社会群体为表现对象。在欢快的笑声中使处于社会压制中的老百姓获得感情宣泄，达到精神与心理的平衡，生动地再现了乡村社会丰富多彩的百态人生。

---

① 肖莉编：《中国幽默故事》，中国广播电视出版社1996年版，第224～225页。

## （七）机智人物故事

机智人物故事是以诙谐、多智、富有正义感的正面主人公的事迹贯穿起来的故事群。故事中，主人公有名有姓，多数为历史人物或有历史人物的影子。这类人物深受人民爱戴，日积月累，老百姓便在他们事迹的基础上，按照生活逻辑和艺术逻辑创造了栩栩如生的艺术形象，构成了一个民族或一个地区的机智人物典型。

机智人物故事源远流长，至今在亚洲、欧洲、非洲及世界其他地区广为流传，拥有众多的听者。就地域而言，世界上流布最集中的有两个地带——中近东机智人物故事带和东亚、东南亚机智人物故事带。就国家而言，世界上机智人物故事蕴藏丰富的是中国、土耳其、伊朗、阿富汗、日本、德国等。中国的机智人物故事在汉族、蒙古族、回族、藏族、维吾尔族、白族、高山族、土家族等四十多个民族广泛地流传，共有近九百个机智人物故事群。①

世界各国机智人物故事的主人公，其身份、社会地位、经济状况、生活特点各有不同。根据中国各民族机智人物故事的实际情况，我们可以把故事主人公分为两类：体力劳动型机智人物和非体力劳动型机智人物。②

体力劳动型机智人物，指从事体力劳动、以体力劳动作为谋生手段的各种机智人物故事的主人公。这一类机智人物故事约占整个中国机智人物故事的2/3以上。我国绝大多数的讲述人都会讲机智人物故事。机智人物故事种类繁多，主要有以佃农、自耕农身份出现的机智

---

① 祁连休著：《智谋与妙趣—中国机智人物故事研究》，河北教育出版社2001年版，第2~5页。

② 祁连休著：《智谋与妙趣—中国机智人物故事研究》，河北教育出版社2001年版，第394~408页。

人物。譬如汉族的谎张三、土家族的向远耀、维吾尔族的赛来依恰堪，苗族的老谎，彝族的张沙则等。还有不少以出卖劳力为生的机智人物。他们或打长工，或打短工，或兼长、短工，甚至偶以其他劳动者的身份出现。譬如汉族的韩老大、维吾尔族的蒯扯谎、苗族的多略、彝族的普丕。生活在牧区或半农半牧区的牧民身份的机智人物也不少。譬如蒙古族的巴拉根仓、哈萨克族的阿勒达尔科萨、柯尔克孜族的玛纳坎等。城乡各种从事手工业、服务业劳动，以手艺为谋生手段的机智人物，其职业包括木工、石工、竹篾制作、裁缝、理发等。

非体力劳动型机智人物，指不以体力劳动谋生的各种类型的机智人物。他们大多有较高的社会地位和文化水平，与各种体力劳动者机智型人物有明显的差异。除个别出自艺术虚构外，此类机智人物绝大多数都有生活原型。在中央及地方政府为官的机智人物，大都善于应对皇上，敢与权贵作对，为平民百姓伸张正义。譬如汉族的纪晓岚、李太清、张玉书；土家族的满朝荐；傣族的召玛贺等。以知识分子的面貌出现的机智人物，在非劳动者型机智人物里面数最多，影响也大。譬如汉族的徐文长、李仕林、钱六姐、史夫人；侗族的陆本松；傣族的朱腊伯提；水族的韦佩金；侗族的蓓灵。

以上提到的各种机智人物不但在社会地位、经济状况、文化程度、人际关系乃至心理素质、行为方式、精神状态诸方面，都存在差异，有关他们的作品，在题材范围、思想内容、表现手法、艺术风格诸方面也各有不同。

中国机智人物故事大多篇幅较小，情节简单，但它们却往往以鲜明的喜剧风格和独特的艺术个性给世人留下很深的印象。究其原因，得益于他们善于调动各种艺术技巧和表现手法反映现实生活、揭示民众思想感情。

中国机智人物故事常常按照现实生活的固有面貌剪裁、加工各种

石雅茹讲机智人物故事　　何锦良　摄

生活素材，匠心独运地再现人们所熟悉的日常生活中的人物、事件和场景，让故事情节既贴近现实生活，真实可信，又巧妙、奇特，戏剧性强，富有艺术魅力。这些奇巧的艺术构思突出表现在机智人物形象上惯常采用大胆夸张来增强艺术效果，使各种人物形象鲜明、突出。

中国机智人物故事，无论哪一个民族、哪一个地区的作品，在利用机智进行斗争的过程中，充满着浓郁的幽默诙谐的色彩，这是机智人物故事区别于其他故事的重要标志，也是机智人物故事抓住听众、读者的主要因素。

中国机智人物故事大都以写实手法，按照现实生活的固有面貌描述人们熟悉的各种人物和各种社会关系，具有较强的真实感和现实性。但是，为了更好地表达思想，故事也不乏神、仙、鬼、怪和人格化的动物，这些又为机智人物故事张开艺术幻想的翅膀提供了广阔的空间。

我国各民族机制人物故事最有影响的要算蒙古族的巴拉根仓、维吾尔族的阿凡提和藏族的阿古顿巴了。巴拉根仓是蒙古族人民的智慧英雄，凡是蒙古族人民生活的地方就有巴拉根仓的故事。巴拉根仓的故事与蒙古族劳动人民的生活遭遇、斗争经历密切相连。草原人民面对旧社会白音诺彦肆意侵吞牧场土地，野蛮掠夺牲畜、财富，无偿使用苦役，敲骨吸髓的现实，没有俯首忍之、听天由命，而是采取了各种不同的方式进行不懈斗争。人民群众艰苦卓绝的斗争精神在与宝日勒代白音和毫尔勒岱诺彦等人物的抗争中得到体现。《让王爷下轿》里，巴拉根仓与王爷打赌，叫王爷下轿，后又让他上了轿，把专横跋扈的显贵戏弄得威风扫地①。

过去，我国许多少数民族的老百姓深受宗教迷信的毒害，披着袈裟的剥削者和世俗剥削者相互勾结，愚弄群众，给人民带来了无穷的灾难。当劳动人民逐渐觉醒时，他们的反对宗教特权，不信宗教迷信的思想情绪，在机智人物的故事里得到了生动的体现。《智惩阎王》中，巴拉根仓得罪了阎王爷，阎王爷先后派遣“黑头鬼”、“牛头”、“马面”、“秃鬼”、“红眼瞎鬼”、“钻缝鬼”、“猴鬼”捉拿巴拉根仓，结果这些小鬼都被巴拉根仓制服，最后阎王爷亲自出马，结果惨遭失败，还送掉了性命，巴拉根仓反倒成了阎王爷，成为妖魔鬼怪膜拜追随的对象，成为妖魔鬼怪世界的掌控者。②

阿凡提是维吾尔族机智人物的典型，也是中国影响最大的机智人物的代表。阿凡提的故事深得我国新疆各民族百姓的欢迎，而且在土耳其、伊朗、阿富汗、中亚以及巴尔干半岛等国家和地区流传。阿凡提勤劳勇敢，聪明机智，富有正义感，敢于蔑视反动统治阶级和一切恶势力，他嘲弄国王、官僚；讽刺上层宗教统治者；对地主、富商的剥削进行揭露；对一些行为不端的人进行善意讽刺。他机智风趣，语

① 祁连休编：《少数民族机智人物故事选》，上海文艺出版社 1978 年版，第 12 页。

② 祁连休编：《少数民族机智人物故事选》，上海文艺出版社 1978 年版，第 40 页。

言幽默，在特定场合爱自我解嘲，用幽默化解尴尬，摆脱困境，给人们带来欢笑。在《金钱与正义》中，国王问阿凡提在金钱和正义面前选择哪一样？阿凡提说愿意选择金钱。国王讥笑阿凡提的选择，说自己愿意选择正义。聪明的阿凡提灵机一动回敬道："谁缺什么就想要什么，我的殿下。""您想要的东西正是您最缺少的呀！"① 阿凡提巧妙的回答切中要害，对国王进行了委婉的嘲讽和抨击。在故事《好极了》中，阿凡提当着众人的面揭发国王白吃老百姓东西的丑恶行径。阿凡提挑出几个自己种的其里盖②卖给国王，国王收下后，只说"好极了"，不给钱。阿凡提出了王宫，用国王的"好极了"换羊肉包子，引来纠纷。老板拉住阿凡提去见国王，在国王的质问下，他却说："这个老板太贪心。我不过吃他二十个包子，就把刚才您买其里盖付给我的三个'好极了'全都给了他。他怎么还想要钱呢？"国王听了，半句话也说不出来。③ 聪明的阿凡提用"其人之道还治其人之身"，让国王理穷词拙，陷入尴尬境地。

阿凡提对愚蠢的统治者进行了辛辣讽刺和无情戏弄，从国王到大臣，从巴依④到喀孜⑤，从装腔作势的学者到阿訇⑥或者伊玛目⑦，从不怀好意的商人到懒汉，凡属于封建统治者都会受到阿凡提的无情嘲弄。《给大阿訇理发》中的阿凡提捉弄理发从不给钱的大阿訇，问他要不要眉毛，阿訇说要，阿凡提飕飕几刀，把阿訇的眉毛刮下来递到

---

① 祁连休编：《少数民族机智人物故事选》，上海文艺出版社 1978 年版，第 126 页。

② 其里盖：一种香瓜。

③ 祁连休编：《少数民族机智人物故事选》，上海文艺出版社 1978 年版，第 136 页。

④ 巴依：财主。

⑤ 喀孜：法官。

⑥ 阿訇：伊斯兰教教职名。

⑦ 伊玛目：伊斯兰教教职名。

他的手中。又问他要不要胡子，阿訇连说不要，阿凡提又飕飕几刀，把大阿訇的胡子刮下来，甩在地上。阿凡提在阿訇的“吩咐”下，把他的脑袋和脸都刮得精光，像一个光溜溜的鸡蛋。[①] 故事中，阿凡提对身兼宗教职务阿訇的戏谑，体现了劳动人民对封建宗教丑恶本质的厌恶与嘲弄。

“阿古登巴”是藏语的译音，“阿古”通常译作叔叔。因此，在西藏，我们常常将具有幽默感会讲故事的人叫登巴叔叔。阿古登巴的故事遍及甘、青、滇、川与西藏的全部藏区。故事的内容十分丰富，战斗性强，其矛头直接指向统治阶级。上至国王，下至奸商，社会上形形色色的恶势力无不在其批判之列。

民主改革前，政教合一的西藏社会，喇嘛教派中的黄教有无上的权威，拥有对人民生杀予夺的大权。因此，阿古登巴的许多故事揭露了宗教统治者的虚伪、无耻和阴谋。《升天的秘密》[②] 中，大喇嘛利用喇嘛庙里的献材“升天”诓骗钱财，无计其数的老百姓都这样葬身于寺庙黑沉沉的地洞中。阿古顿巴以其人之道，还治其人之身，让大喇叭自己“升天”了。这种在宗教制度极为严厉、宗教信仰极为虔诚的西藏，对喇嘛的揭露和抨击反映了生活在下层的老百姓民主思想的不断增长。

智慧是人类社会劳动实践的产物，是对抗邪恶势力的武器。因而，对智慧的追求在民间文学中是一个永葆不衰的主题，这也是机智人物故事为什么能在民间广泛流传且得到劳动人民喜爱的重要原因。当然，在某些机智人物故事里，有一定数量的作品描写主人公的傻气。但这

① 祁连休编：《少数民族机智人物故事选》，上海文艺出版社 1978 年版，第 148 页。大阿訇：通晓《可兰经》，担任宗教职务的人。

② 祁连休编：《少数民族机智人物故事选》，上海文艺出版社 1978 年版，第 105 页。

种傻气同主人公的聪明机智并不矛盾，恰恰相反，民间故事家通过独具匠心的艺术构思，描写主人公的傻气和呆板，塑造主人公“大智若愚”的形象，从而间接地歌颂了劳动人民的聪明才智，再现了民间知识的丰富多彩。

# 第四章

## 民间笑话

民间笑话是幽默、滑稽的短小故事，它取材于老百姓的生活片段，常常抓住现实生活中违反常规或不合逻辑的矛盾现象，用诙谐、夸张等表现手法，将讽刺的锋芒指向昏庸贪婪的统治者，以及老百姓的缺点和性格缺陷。

讲笑话在中国有古老的传统，除民间笑话外，还有文人笑话、趣谈、遗闻轶事等。人们往往将民间笑话与文人笑话混在一起，先秦寓言、古代笔记小说、笑话专集等莫不如此。

### 民间笑话的特点

民间笑话常常通过无限夸大生活中的矛盾，给人以艺术美感，将严肃转化为轻松，在对比中凸显矛盾纠纷，寄寓人生哲理和生活道理。民间笑话篇幅精短、人物典型、情节集中、语言生动活泼，极具喜剧精神和讽刺特征，是民间文学里为民众喜闻乐见的一种喜剧艺术形式。

对于民间笑话的分类，向来没有统一的标准。清代以前大都根据作品内容的性质和主题来划分。如隋代侯白《启颜录》敦煌卷子本将民间笑话分为四类：论难、辩捷、昏忘、嘲诮。明代冯梦龙《笑府》分为13类：古艳、腐流、世讳、方术、广萃、殊禀、细娱、刺俗、闺

吹牛　　王丹 摄

风、形体、谬误、日用、闺语。清代游戏主人的《笑林广记》大致仿照《笑府》，分12类：古艳、腐流、术业、形体、殊禀、闺风、世讳、僧道、贪吝、贫窭、讥刺、谬误。20世纪以后，民间笑话出现了以情节为核心的分类体系。比如，丁乃通先生在《中国民间故事类型索引》一书中将民间笑话分为五类：笨人的故事、夫妻间的故事、女人的故事、男人的故事（又细分为聪明人、笨人、僧侣、其他各种人）、说大话的故事，并归纳出中国民间笑话三百五十个左右的情节类型。与同书其他民间故事种类相比，民间笑话是类型最多的一种。即便如此，也远未穷尽中国民间笑话的实际流传情况。目前，我国民间笑话的分类主要依据内容分为揭露与嘲讽笑话和讽刺与幽默笑话两大类。

### （一）中国民间笑话的发展

中国民间笑话很早就见于各种文献。春秋战国时期，《诗经》中就有笑与笑话的记载："善为谑兮，不为虐兮"、"礼仪卒度，笑语卒获”。“谑”和“笑语”就包含有笑话的喜剧精神和幽默特质。《孟子》、《庄子》、《韩非子》、《战国策》等都引述过笑话类的民间资料。然而，这一时期笑话仍处于初创阶段，尚不发达。虽然也有民间故事的讲述人对笑话进行创作和加工润饰，这些人大多以无名氏的形式出现。从目前所见的先秦古籍记载来看，民间笑话主要由两部分组成：记载俳优滑稽逗笑的言行；诸子散文、历史散文中富于讽刺、幽默、喜剧精神的寓言笑话。

魏晋南北朝的民间笑话往往与生活故事相伴共生，它们一起流传，被文人编入笑话集之中，或者在生活故事中或多或少地包含了笑话母题。具体说来，魏晋南北朝时期的民间笑话均见于邯郸淳编撰的《笑林》之中。这本中国第一部笑话集所收的作品大都颇具民间故事特色，既有笑话类型，又有讽刺故事类型。主人公大多出自虚构，往往以通用的“有人”、“甲”、“乙”、“某甲”等相称。其中一些人物形象虽然落墨不多，却相当生动。《笑林》中许多脍炙人口的笑话故事，如《执竿进城》、《不识镜》、《煮箦为笋》、《汉世老人》、《痴婿》、《善治伛者》、《以叶障目》等作为笑话的典型类型至今仍在民间传承流布。有些笑话还发展演变为著名的民间故事类型，如不识镜型故事、治驼背型故事、隐身草型故事等。《笑林》记录保存了大量的民间笑话。更为重要的是，民间笑话吸引了历代文人墨客的强烈兴趣和密切关注，为笑话理论的发展做好了充分准备。到南北朝时期，刘勰在《文心雕龙谐隐篇》中对笑话的产生发展、创作动机、艺术特点、社会作用、历史地位及存在的弊端等问题作了系统而全面的分析评述。

唐宋时期的笑话创作大多取材于老百姓熟悉的日常生活。其中以《启颜录》记录的民间笑话艺术成就最高，对后世笑话的影响最大。宋元以来，随着城市经济的繁荣，通俗文学和讽刺艺术创作逐渐兴盛，民间笑话创作呈现出欣欣向荣的景象。经过元代较长时间的酝酿，到了明代，中国民间笑话的发展便进入一个高峰期。此时的民间笑话的录写、编讲活动空前活跃，产生了一大批作品，数量之多为古代任何一个时期所不及。不但很多笔记小说辑录了当时流布的民间笑话，而且出现了一批笑话专集，如《笑赞》、《笑禅录》、《笑府》、《广笑府》等。民间笑话艺术日臻成熟，涌现了大批佳作，其中不少作品直到20世纪仍在流传。

清代笑话在明代笑话基础上有所创新。"笑话"作为此类作品的专有名词最早来自清代石成金的《笑得好》。该书"自叙"云："正言闻之欲睡，笑话听之恐后，今人之恒情。夫既以正言训之而不听，曷若以笑话怵之之为得乎。予乃著笑话书一部，评列警醒，令读者凡有过愆偏私、蒙昧贪痴之种种，闻予之笑，悉皆惭愧悔改，俱得成善良之好人矣。"这个时期载有民间笑话的作品集也比较多，除了石成金撰《笑得好》外，还有小石道人辑《嘻谈录》、游戏主人纂辑《笑林广记》、程世爵撰《笑林广记》等笑话集影响较大。这些民间笑话具有明代笑话贴近民众和生活气息浓郁的特点，不少作品在各地广为流传，使古代笑话和口传笑话很自然地衔接起来。

到了近代，特别是新中国成立以后，民间笑话的搜集整理以及笑话资料的发掘成绩惊人。1984 年开始的《中国民间故事集成》工作中，搜集到的全国各省市地县的民间笑话可谓数不胜数。另外，古今中外的笑话选本也数量繁多，如王利器等编《历代笑话集》、《历代笑话集续编》，陈维礼《中国历代笑话集成》（1、2 卷），阎恒宝《历代笑话选》，申俊《中国笑话》等。由此可见，民间笑话成为民众生活的润滑剂和调色板，受到他们的普遍欢迎和喜爱。

### （二）中国民间笑话的特点

笑话具有持久的艺术魅力，它从古到今传承下来，较少发生变异，一则结构简单，二则语言个性鲜明，一两个字即可刻画一个人物形象。

也就是说，笑话具有的喜剧艺术和幽默特质的精神传统决定了笑话的变异性较其他种类的民间故事要小。总览中国民间笑话，其特点具体表现在以下方面：

篇幅短小、语言精练。民间笑话是老百姓创作最为短小、最为简

笑话大王李国兴　　　　周惠英　摄

练的故事。民间笑话中，很少抒情、议论，更没有环境描写、人物对白和心理刻画。任何笑话都有情节，但这里的情节不讲究丰满，不追求复杂，多截取现实生活的典型片断，简短集中，环环相扣，注重关扣与解扣，描摹瞬间的关键性动作和话语。这些动作和语言富有智性、饱含思想、蕴藏笑料而意味深长。因此，民间笑话虽只三言两语，却能在不知不觉中干净利落地抖落包袱，令人捧腹，回味不绝。

结构紧凑、形式活泼。民间笑话要在很短的篇幅里制造笑料，在笑声中传达思想。一般而言，民间笑话单线发展，没有旁支，没有遮掩，直入主题。情节的单一并未有枯燥之感，得益于笑话生动活泼、自由灵便的讲述风格，尤其是民间笑话的讲述者能因势利导，借助语

言、动作、表情等辅助效果予以表达。民间笑话的多种表现手段使其具有强烈的艺术表现力和感染力。

构思精妙、肆意夸张。民间笑话由铺垫和抖料构成。以什么做铺垫，从什么地方铺垫都有讲究。从铺垫的笑料到笑料的逐一抖漏出来，经历起承转合的阶段，在故事情节闭合之时就是笑声爆发的开始。为了引人发笑，民间笑话往往运用多种艺术表现手法，诸如对比、谐音、比喻等，以夸张最为显著。这种夸张经常将生活现象放大，构成生活的另类，使所塑造的人物形象、所描摹的事件场面在生活逻辑的轨道上运行，从而与正常生活形成鲜明的对比，让笑话中的人物和事件既在生活之内、情理之中，又超越了世态人情的阈限而出人意料。因此，民间笑话将捕捉到的生活镜头加以夸大而不违背生活逻辑，把艺术虚构与生活真实有机地统一起来。

寓庄于谐、寓笑于趣。笑话的语言诙谐幽默，它不同于神奇故事的奇幻、动物故事的直接、生活故事的平实，通过趣味横生的情节表达庄重严肃的道理。民间笑话化严肃为轻松，在愉悦中寄寓思想，成为老百姓不可或缺的精神食粮。

民间笑话的“笑”以喜剧为表达形式。冯梦龙的《笑府序》对此有精辟的论述：“不话不成人，不笑不成话，不笑不话不成世界。”他说：“古往今来莫非话也，话莫非笑也。”不过，笑必须有思想、有意义。人们在笑过之后接受的是生活知识和社会道理。当然，“笑一笑，十年少；愁一愁，白了头”的俗语也告诉我们，老百姓喜欢笑话，是为了化解生活中的矛盾、减缓生活中的压力、调节生活中的节奏，从而起到娱乐身心、陶冶性情的作用。

民间笑话是民众社交活动的交际艺术，是人际关系的润滑油、黏合剂。笑声是世界上最美妙的语言，它能够化干戈为玉帛，解决各种矛盾纠纷，成为联系情感的桥梁和纽带。

## 民间笑话漫游

民间笑话是我国民间文学宝库里永远开不败的花朵。它的短小精悍、风趣幽默，更激发了它的创作和流播。这里，我们虽然无法一一列举笑话的种类，但通过一些百姓津津乐道的民间笑话类型的介绍和描述，仍然能够真切感受到中国民间笑话的独特魅力。

### （一）批评社会现象笑话

有个财主会客时放了个响屁，一个狗腿子听到后，连忙讨好主子，说："这个屁好香啊。"另一个忙附和，说："比茉莉花还香。"一个客人听了他俩的话，觉得很可笑，便说："放香屁的人命不长，只有放臭屁的人才会长寿。"一个狗腿子听后，不假思索地说："这个屁很臭。"另一个狗腿子接上说："比狗屁还臭。"①

这个笑话围绕"放屁"以及人们对它的态度和反应，在"是香是臭"的转换中活灵活现地刻画了溜须拍马者的丑陋嘴脸。类似的笑话在明代的《笑林》里记录为"做屁"、《笑赞》中记录为"屁颂文章"，清代的《笑得好》里记录为"臭得更狠"、《笑倒》中记录为"清客"。当代中国浙江流传的同类笑话为《马屁精》、江苏同类笑话为《阎王也喜欢拍马屁》。

在中国农村，喝酒风气十分盛行，酒桌上人情百态、世相万千。醉鬼形象成为民间笑话的重要素材。如《今我何在》的笑话就颇为典型：

一和尚犯罪，一人解之，夜宿旅店，和尚沽酒劝其人烂醉，乃削

① 《比狗屁还臭》，见《中国民间故事集成宁夏卷》编辑委员会编《中国民间故事集成宁夏卷》，中国 ISBN 中心 1999 年版，第 690 页。

其发而逃。其人酒醒，绕屋寻和尚不得，摩其头则无发矣，乃大叫曰："和尚倒在，我却何处去了？"

相关类型见于明代《应谐录》的"僧在"、《笑赞》的"和尚"、《贤奕篇》的"僧在"、《解愠编》的"财酒误事"、《广笑府》的"财酒误事"、《笑府》的"解僧卒"，清代《笑得好》的"我不见了"，以及当代流传的《我在哪里》、《和尚在，我不见了》、《傻瓜做生意》等。显然，这是一个以僧人为嘲弄对象的笑话，立意独到。当代的醉鬼形象更是充满生活的情趣，让人忍俊不禁地笑过之后多了不少思考。比如，《还是老婆好》的笑话讲：冬天的晚一个上，一群朋友在喝酒，大家你来我往，豪气冲天。酒散了，一位仁兄喝得烂醉如泥。朋友说送他回家，他却说："我没醉，喝醉还早着呢，不用送。"在回家的路上，实在支撑不住，呕吐了一地，躺在大街上不省人事。这个时候，一条狗磨磨蹭蹭地游荡过来，吃了他的呕吐物，接着用舌头舔他的脸。醉鬼迷迷糊糊地觉得有热乎乎的东西在脸上，很舒服，他自言自语地说："还是老婆好，知道用热乎乎的毛巾敷我的脸。"对这类醉鬼，没有多少批评，更多的是对人生滑稽行为的劝诫。

读书人往往以为自己比农民高明很多而看不起农民，这些人也成为民间笑话中善意批评的对象。《白字先生》讲：

有两个白字先生，自称满腹经纶，学富五车。一天，同去京城赶考，途径一座庙宇，忽见庙门上方挂一牌匾，上书"文庙"二字。一个说："噢，这原是一座交庙。""胡说，明明是丈庙，怎么能说是交庙呢？""分明是交庙。""丈庙！""交庙！""丈庙……"为此，二人争得不可开交，谁也不肯认输。后来，两个人争争吵吵，将牌匾抬上找人评理。遇到一个手拿空钵的和尚，急忙问和尚到底是"丈庙"还是"交庙"？和尚端详了一会儿，心想这个字像"丈"字，可又像"交"字，万一说错，岂不惹两个秀才笑话。于是开口道："我化离

（斋）这么忙，哪有时间管它‘丈庙’和‘交庙’。”说着，扬长而去。两人又继续找人评理。巧遇一书童。书童将牌匾瞅了一会儿，说：“我不是孔天（夫）子，请便！”两人争吵了十几天，还不得公断，最后闹道衙门，请县老爷裁判。老爷稳坐公堂，捻动胡须，听两个人诉说完毕，接上牌匾看了又看，将惊堂木“啪”地一拍：“听老爷公断：‘丈庙’‘交庙’两相疑，和尚急着化离（斋）去，书童不是孔天（夫）子，吾老爷不是苏东皮（坡）。”①

批评社会现象的笑话一般针对民众的不良行为和劣拙品性构思情节。故事没有尖刻的语言，没有激烈的矛盾，更多的是充满着轻松和幽默，以此劝诫人们克服缺陷，弘扬美德。

### （二）揭露贪官污吏笑话

有个县官要高升了，临走前，老百姓送了他一块横匾，为他送行。匾上写了四个大字：“五大天地”。县官非常高兴，以为是老百姓夸奖他，说的好话哩，就是看来看去高低看不懂，就把师爷喊来剖解剖解。

师爷一看匾，心里有数：这位县太爷平时只顾捞钱上腰包，不管百姓死活，师爷耳朵里听到的怨言多哩！三番两次跟县太爷说，这县太爷只当耳边风，不理不睬。这刻儿百姓送匾来了，师爷心里话：也好，我就跟他来个巷子里扛木头——直来直去吧！

师爷就对县官说了：“五大天地指的是：欢天喜地、惊天动地、花天酒地、昏天黑地和谢天谢地。”哪晓得县官哈着嘴，还闹不懂。师爷就细细剖解了：“你的前一任县官是个贪官，当地百姓恨透他了，好不容易把他挤走，一心巴望调来个清官。巴来巴去，把你老爷巴来了。老百姓们各个‘欢天喜地’。新官上任三把火嘛。大家听你说得蛮好

① 《白字先生》，见中国民间文学集成陕西卷编辑委员会编《中国民间故事集成陕西卷》，中国 ISBN 中心 1996 年版，第 712 页。

听的，又做了件把好事，许了多少愿，活像要做出一番大事，来个‘惊天动地’。日子一长，当面捧场的人多了，你的老病又犯了，整天吃喝玩乐，不就成了‘花天酒地’。你敲诈勒索，贪赃枉法，官官相护，害得老百姓受了多少冤枉罪，把一个县搞得‘昏天黑地’。临了，你口袋装满了，金银财宝捞足了，混不下去要腾窝子，百姓巴不得你早走早好，一条声地说：‘谢天谢地’。这不是五大天地吗？”县官老爷一听，顿时脸上一刻儿红，一刻儿白，活像开了颜料店。①

这是一则流传十分广泛的抨击贪官污吏的笑话。相关类型的笑话还见于清代小石道人《嘻谈录》中的“五大天地”，当代北京流传的《五大天地》、湖北流传的《五个天地》。这类笑话从开头的期盼到结束的诅咒，步步紧逼，短短百来个字入木三分地刻画出县官老爷丑恶的形象。民间笑话从民众的心理期待开始，结束于心理的释放。

在老百姓眼中，当官的不仅贪婪，而且愚蠢。

某县官常听老百姓骂人：“你这个糊涂虫！”就想，糊涂虫一定是坏人，吩咐差役把糊涂虫捉来审问。

差役们在县城内外搜查了大半天，没碰到糊涂虫。正着急时，见一个扛竹竿的，把竿子横着不得进门。他们估计这个人是糊涂虫，抓住扛竹竿的，押回县衙，将所见到的报告给县官。县官当即开庭审问。县官问扛竹竿的：“你是糊涂虫吗？”扛竹竿的说：“我不是糊涂虫。”县官说：“你横着竹竿不得进门，连把竹竿锯短了进门都不懂，还不是糊涂虫吗？”

“禀告老爷！”扛竹竿的说：“就按您的说法，若是把我定为糊涂虫，这里就还有个大糊涂虫了！”县官追问：“为什么？”“扛竹竿进门总是要竹竿起作用，把竹竿锯短了还能作什么用呢？”扛竹竿的接着

① 《五大天地》，见《中国民间故事集成江苏卷》编辑委员会编《中国民间故事集成江苏卷》，中国 ISBN 中心 1998 年版，第 765 ~ 766 页。

说，“把竹竿锯短了进门的人，不是个大糊涂虫吗？”①

相关类型最早见于邯郸淳的《笑林》“执竿进城”，后来明代《笑林》中有“青盲”，清代《嘻谈录》记有“糊涂虫”，当代浙江流传着《青光盲》等。这类笑话围绕“谁是糊涂虫”展开，把县官老爷的无知蛮横表现得活灵活现。讥刺嘲讽类笑话像“匕首”、“投枪”，无情辛辣地讽刺了反动阶级，表现了劳动人民爱憎分明的情感。

像这类以社会现象为背景，用犀利尖刻的语言寄寓思想、劝诫抨击的作品自民间笑话诞生之日起就已存在。虽然当时它与俳优的言论和文人的寓言结合在一起，批判风格不是特别凸显，但是，随着老百姓认识的深入，尤其到了明清以后，人们的自觉意识觉醒，嘲弄世情，针砭时弊，将斗争矛头指向统治阶级的笑话不断被创作出来。从昏庸残暴的帝王君主、懦弱无能的文臣武将、鱼肉百姓的贪官污吏到吝啬刻薄的财主商人、装腔作势的道学先生、误人子弟的塾师、草菅人命的庸医等无不成为民间笑话取笑讽刺的对象了。

民间笑话因其批判力度的强烈、爱憎态度的鲜明，成为人民群众与敌对阶级作斗争的有力武器。民间笑话干预社会、干预生活的现实精神，具有较强的思想深度，表达了劳动人民的真情实感。

### （三）嘲讽家庭关系笑话

如果说反映阶级斗争的笑话尖刻、犀利，直指社会弊端的话，那么，生活内容的笑话则要温和、善意得多。它在批判中多了些幽默，在诙谐中多了几分劝谕。一则笑话讲：

哥俩买了一双新鞋，商量妥，谁有事出门谁穿。哥哥事多，经常穿新鞋出门。这样一来，弟弟嫌吃亏，趁哥哥睡觉时，穿上新鞋在院

① 《大糊涂虫》，见刘德方《野山笑林》，大众文艺出版社 1999 年版，第 22 页。

子里走来走去。一双新鞋，哥哥白天穿，弟弟夜里穿，时间不长就穿烂了。哥哥跟弟弟商量着再买一双，弟弟摇着头说："不干了，夜里我还要睡觉哩。"①

相关类型见于明代《笑府合著靴》、《笑赞买靴》，清代《笑得好兄弟买靴》。以身边的人和事为题材的笑话很有生活情趣，它没有激烈尖酸的言辞，而是在平铺直叙中表现人物，显露态度，或赞美或批评，或肯定或否定。

有个人记性特别坏。讲话讲过下句忘记上句，做事做了后事忘了前事。大家都叫他"忘事佬"。一天，家里没柴烧，忘事佬和妻子两人拿了柴刀、绳子、冲担上山砍柴。上山不久，忘事佬肚子疼得厉害，就蹲在地上拉屎，随手把柴刀放在身边。拉屎后站起身来，看见地上有一把柴刀，高兴地喊道："好运道，好运道，拉屎拾着一把柴刀。"一边喊叫一边跳，不小心一脚踏在屎堆上，又臭又腻，他又大骂："婊子儿子，谁撒的烂污。"妻子看着他一时高兴，一时大骂，又好气，又好笑说："柴刀是你自己带来的，臭屎是你自己撒下的。"忘事佬听见有人说话，回头一看，是个女人，就说道："你这位大嫂蛮面熟，像在啥地方看见过。"②

相关类型见于明代《笑府》中的"恍忽"、"善忘"，《艾子后语》中的"病忘"，当代河南流传的有《有点儿面熟》、吉林流传的《麻木不仁》等。这类型笑话由于地域风情的差异，在口语方言上各有不同。笑话以主人公的自言自语推进情节发展，妻子的出现为主人公前面的荒唐行为作出解释，使故事达到高潮。

---

① 《哥儿俩买鞋》，见《中国民间故事集成河南卷》编辑委员会编《中国民间故事集成河南卷》，中国 ISBN 中心 2001 年版，第 675 页。

② 《忘事佬》，见《中国民间故事集成浙江卷》编辑委员会编《中国民间故事集成浙江卷》，中国 ISBN 中心 1997 年版，第 853 页。

一则明清时期的《认鞋》讲道：

有人暮夜归家叩门，妻与人同宿，慌忙起来，其人从窗中逃走，遗下鞋在床下。妻开门，夫见鞋佯为不见，欲到明日查考。妻待夫熟睡，将鞋隐藏。次日，夫起，细看其鞋，说道："原来这是我的鞋，几乎亏了人。"①

这类偷情笑话常能制造热闹的讲述现场，在欢声笑语中完成讲述。

日常家庭琐事很多，夫妻之间谁做得多，谁做得少也成为笑话创作的话题。

有个懒得出奇的懒媳妇，整天头不梳，脸不洗，吃了睡，睡了吃，锅不刷，碗不洗。一天夜里，有个贼来偷东西。本来家里挺穷，也没什么可偷的。俗话说："贼不空手"，那贼一下就从锅台上把锅掀起来，背上就走。懒老婆急啦，家里就这么一口锅，贼拿走了用什么？她站起来就追。贼见势不好，从锅台上拿起一把菜刀，冲着她就砍，正砍在脸上。把她吓得当时就晕过去了，贼趁这工夫背着锅跑了。

过了一会儿懒老婆醒了，心里还怦怦直跳。一摸脸，咦，没事儿。原来，平时不洗脸，泥太厚，这一刀只砍下了一层泥皮。

再一看锅台，那口锅还好好地在锅台上坐着。原来，懒老婆天天不刷锅，锅嘎巴在锅里结了老厚的一层。黑灯瞎火的，那贼揭下来就走。可背的不是锅，是锅嘎巴。②

笑话通过懒老婆和贼的打斗表现她"懒得其所"可爱又可恶的性格，懒丈夫较之懒媳妇有过之而无不及，更是诙谐有趣。

有个人很懒，平常连话都懒得说。有一天，他媳妇要捶布，叫他到邻家去借捶布石。他说："我不去，你就在我背上捶吧。"媳妇气得

---

① 周启明校订：《明清笑话四种》，人民文学出版社 1958 年版，第 14 页。

② 《懒老婆和贼》，见《中国民间故事集成北京卷》编辑委员会编《中国民间故事集成北京卷》，中国 ISBN 中心 1998 年版，第 8809 页。

没办法，就在他背上捶起布来。问他疼不疼，他回答说："疼是疼，我就是懒得出声。"①

懒人类型的笑话将中国各式各样的懒人形象进行了善意的刻画，懒婆婆、懒媳妇、懒丈夫、懒儿子，各有各的懒法，各有各的招数。

中国农村是男子当权的社会，丈夫怕老婆，会经常遭到周围人的取笑。有这么一个国，从国王到老百姓，没有一个不怕老婆的。这个国就叫"怕老婆国"。一天，国王想了个主意，看看有没有不怕老婆的。他把有老婆的男人召集到一块儿，又竖了两杆大旗，东边的是红旗，西边的是绿旗。国王下令；"怕老婆的，站到红旗下边。不怕老婆的，站在绿旗下边。"只见那文武百官、黎民百姓"轰"的一下全都往红旗下边跑，黑压压站了一大片！只有一个人，慢慢腾腾地走到绿旗下边。

咦，国王觉得新鲜："嗯，没想到我们这儿还真有不怕老婆的！"就命人把那个人带过来，国王说："我们都怕老婆，你怎么就不怕呢。"那个人说："回国王，早上出门的时候，我老婆跟我说了，人多的地方不许我去。"②

现实中，单个人怕老婆的事例不计其数。这则笑话极尽夸张之能事，虚拟出了一个"怕老婆国"，那里怕老婆的现象让人听了目瞪口呆。笑话前半部分巧用对比调动听众的注意力，结尾处画龙点睛，形象凸显，笑声四起。类似的笑话见于明代《笑府葡萄架倒》、《解愠编葡萄架》、《笑府掇马桶》、《笑府正夫纲》、《笑府避打》、《笑赞惧内》，当代流传有福建的《不怕老婆的人》、《今日是灶公灶婆做生

① 《懒得出声》，见中国民间文学集成陕西卷编辑委员会编《中国民间故事集成陕西卷》，中国 ISBN 中心 1996 年版，第 710 ~ 711 页。

② 《人多的地方不许我去》，见《中国民间故事集成北京卷》编辑委员会编《中国民间故事集成北京卷》，中国 ISBN 中心 1998 年版，第 888 页。

日》、浙江的《第一怕老婆》等。

在家庭关系的笑话中，父母子女、丈夫妻子和兄弟姐妹自然成为笑话构成的元素。一则《不识镜》让人听后不觉多少有些心酸：

有这么老公母俩，跟前只有一个儿子，这儿子二十岁了，已经娶了媳妇。一家四口住在离北京城老远的乡下，他们家住的这个地方在山根底下，种着二亩薄沙地，日子过得挺紧的。经别人介绍，这儿子就上了北京，在一家大宅门当使唤。小子每年只能回家一两次。这年，儿子回家来了，媳妇高兴地迎了出来。因为她正在烧火做饭，头发上沾着柴火毛子，脸上抹着一道子锅烟子。那儿子就说："看你那样儿，照照镜子看看，那模样可好看啦。"小两口说着就进屋了。

到了晚上，媳妇就问："哎，你白天说让我照照镜子，什么叫镜子呀？"儿子说："这东西咱乡下没有，刚才我是顺嘴说的，是玻璃的，照着它，自个儿就能看见自个儿啦，可贵了。听说这东西还是从外国来的哪。"这儿子在家里待了几天就该走了，临走时答应下次回来一定给媳妇带一块镜子来。这媳妇可就惦记上了。

这儿子回到城里后就省吃俭用一个劲儿地攒钱，好容易才凑够了钱买了一块镜子，准备回家带给自己的媳妇。谁想到过节了，老爷家不准假，儿子就托位乡亲把钱和镜子带回去了。

这媳妇接到镜子，这个高兴呀，不敢当着婆婆的面看这东西。送走了来人，就捧着木头盒子回自个儿屋里去了。她慢慢打开盒子，把镜子拿出来，一照，里边有个小媳妇长得可好看了。因为这媳妇是头一回照镜子，她不知道那镜子照出来的就是她自个儿，她就捂着脸哭开了。心想，怨不得，他今年不回家来了呢，敢情他有了外心啦，在城里又找了个好看的啦，他不要我啦。想着想着就哭起来，这媳妇是越哭越伤心，声音一声比一声大，这可就把她婆婆给惊动了。婆婆赶紧跑进了儿媳妇问明原委，媳妇就把镜子递给了婆婆，老太太长这么大不说看见，连听说都没听说过这玩意儿呀。拿过来一照，一看这里面有一个老太太，这婆婆一看也哭了说："孩子，你说的不错，他是有外心啦，这里边还有他丈母娘哪。"这娘俩就一块儿哭起来啦。

这时他公公从外面回来啦，一听那娘俩全哭了，就急了，在外屋就嚷："你们这是怎么啦，娘俩嚎什么丧呀？快给我出来！"因为老公公不能进儿媳妇的屋子，急得在外头直跺脚。老婆婆一手拿着镜子，一只手抹着眼泪，走出屋，跟老头子把刚才的经过和娘俩哭的缘由儿说了一遍。老头子不信，老婆婆说："不信给你，你自个看看！"老头子接过镜子一照，也傻眼啦，就说："你们甭哭了，这孩子没出息，他不光是不认你们娘俩了，这里边还有他老丈人哪。"①

相关类型见于明代《笑林》中的"看镜"、《笑府》里的"看镜"、吉林的《就一个外人》、浙江的《不识镜子》、湖北的《稀奇物件儿》等。这类型笑话以一件新事物的出现为契机，以老百姓对它的不了解为情节展开线索，体现了新与旧、文明与落后之间的碰撞，在情节的推进中不断设置关卡，在不断抖落包袱，闯关过卡中制造笑料。

### （四）道德训诫笑话

民间笑话总是在笑声中传递思想，表达老百姓对生活的认识和对道德的评价。为了激起人们的笑声，笑话往往从事物的反面说明道理，针对人性的弱点表达对事物的赞成和批判。

这家有三个儿子，老头还在儿子不懂事儿的时候就给儿子奔产业。后来老人要不行了，便把三个儿子叫到跟前，先问大儿子："我死后你们怎样发送我？"大儿子说："您为我们哥儿仨辛苦了一辈子，您死后给您在家里停灵七天，逢年过节给您祭灵。"老人一听，"趴"的一声

① 《照镜子》，见《中国民间故事集成北京卷》编辑委员会编《中国民间故事集成北京卷》，中国 ISBN 中心 1998 年版，第 883～884 页。

给了他一个大嘴巴，说："这样对我就不是孝子。"接着又把二儿子叫到身边，二儿子说："您死后，我就给您买一副狗碰头薄板棺材，用穿心扛俩人儿一抬，挖个坑一埋就算了。"老人听罢，说："你还有点孝心。"三儿子听了二哥说的还没说出老人的心思，便说："我要孝顺您，您死后我寻点折箩（剩饭菜），扒光您的衣服，把折箩一扣叫野狗连吃折箩带吃人。"老人满意地点点头便死去了。

老头儿死后，到了阎王爷那里，阎王爷把他的灵魂叫来，说："你一生在世不会做人，有钱舍不得花，临死还打钱的算盘，你是个地道的守财奴。"阎王爷说完，叫小鬼烧油锅，命牛头马面用钢叉把他挑起来往油锅里扔。老头儿一听，钢叉上的钱儿一阵响，马上叫阎王住手，叫把叉上的铜钱拿下来。他又央求道："阎王爷，您就别用油炸呀，干脆把我干炮了吧，这能省下好多油呢。"①

这类吝啬鬼成为百姓取笑的对象，也成为教育民众的好教材。相关类型在明代就有流传，诸如《雪涛谐史》中的"一钱莫救"、《解愠编》中的"一钱莫救"、《笑府》中的"溺水"、"射虎"，清代《笑得好》中的"莫砍虎皮"，以及当代宁夏的《爱财如命》、湖北的《要钱不要命》等。故事通过幽默、夸张的情节设置，把一个守财奴形象活生生的展现在人们面前，以讽喻的方式给人以警醒和教育。

综上所述，民间笑话的题材内容涉及社会生活的方方面面，尤其在抨击时政、嘲讽丑恶、批判弊端，揭露统治阶级的贪婪腐朽上淋漓尽致、入木三分；对于人民内部矛盾和不良德行、习惯虽给予讥讽，但人情味十足。比如，自以为是的文人处处卖弄文章，因错误百出而成为笑柄；夫妻笑话生活内容丰富，更不乏滑稽、幽默。

民间笑话不论雅俗贵贱，不分男女老幼，不拘形式内容，不忌时

---

① 《看财奴》，见《中国民间故事集成北京卷》编辑委员会编《中国民间故事集成北京卷》，中国 ISBN 中心 1998 年版，第 891 ~ 892 页。

空场合，都能有滋有味、活灵活现地进行表演和传播。今天，民间笑话在中国社会依然具有广泛的群众基础和广阔的流播市场。茶余饭后、农闲节期，人们一起播撒笑声、享受生活、品味人生。

# 结　语

中国民间故事根脉悠远，其源头可以追溯到古老的原始社会。在历史的发展进程中，故事讲唱从没中断，且积淀十分丰厚。今天，民间故事讲述在我国广大农村依然风头正劲。这些故事一代一代传承下来，而且在每个时代，每个故事讲述者又根据自己的生活体验，创作了许多新的民间故事。经过几千年的历史更迭和文化传承，民间故事不断地垒层和叠加，构成了我国具有厚重历史传统的精神文化现象。

民间故事讲述人善于讲什么故事、喜欢讲什么故事，在讲述人那里有一本账，尤其那些杰出的故事讲述人，他们具有非凡的天赋，从村落、社区民众中脱颖而出，练就了一套自己演述故事的技巧、培养了自己喜欢的讲述内容，这些构成了讲述人的鲜明个性。考察发现，女性故事讲述人大多善于讲幻想故事，这种现象与女性特别富于幻想，相信奇迹突然降临的普遍心态有关。男性讲述人的故事轻松而富于幽默感，他们善于讲荤故事、轶闻、笑话等。女性讲述人的故事严肃而充满神奇；男性讲述人的故事内容范围广泛，女性讲述人的故事以家庭生活和以教育性强的故事为主；男性讲述人的表演性强，讲述时声情并茂，女性讲述人讲故事的动作比较单一，娓娓道来。

民间故事的传承由讲述人和听众构成。讲述人根据自己的故事储备和在场的听众进行演述。听众接受故事由其性格、爱好和生活经历决定。民间故事传承就是在讲述人选择和听众选择中完成。因此，有怎样的听众就有怎样的讲述人。听众越多，讲述人越活跃，民间故事就越丰富，故事现场的活动就越频繁。时代变了，听故事的人减少了，讲述人的故事数量和质量都会萎缩。所以，民间故事听众的多与少，直接关系到民间故事的繁荣与衰落。

在我国，不论北方还是南方，都有夜晚在家里或劳动场合讲故事的习俗。冬闲时期，一些老人常在避风的地方身倚柴堆，一边晒太阳，一边讲古论今；或在火垅边，一边烤火，一边讲故事。夏秋季节，人们常在打谷场院或田间地头，在劳动间隙或不太繁重的体力劳动过程中讲故事。比如，我国南方山地民族冬天围在火垅边讲

苞谷场上的讲故事　　林继富　摄

故事，常常时至半夜还满屋笑声，火坑里不断添柴，炊壶、茶罐仍在忽闪忽闪的火光中喷着热气，传承人和正在兴头上的人们此起彼伏

地用幽默故事和笑话调侃作乐的场面屡见不鲜。秋天收获苞谷时节，是农民心情一年中最高涨、最欢乐的时候。大家围坐在金灿灿的苞谷堆边，一边剥苞谷，一边讲故事的场景让人流连忘返。这个场所讲述的故事、演唱的歌谣，一个重要内容就是对东家收成的恭贺，对来年农作物成长的祈愿。

中国农村的婚丧嫁娶和各类节日集会构成了故事讲述的又一个重要场所。这个时候，全村的男男女女、朋友亲戚聚在一起，你一言我一语地讲开了。他们带着擅长的故事在这里尽情发挥，展示才华。这个舞台充满了竞争，充满了和谐，也充满了笑声。

民间故事的流传以口头讲述为主，但是离不开书面传承。这种书面传承包括古代典籍和民间手抄本，非书面记录的文化主要指民间广场演出的民间戏曲和民间说唱。在我国老百姓那里，无论是识字的，还是不识字的；无论是年长的，还是年轻的，他们或多或少、间接或直接地接受过书面文学的影响。比如，出嫁前的孙家香没有接触过书面知识，但她从民间戏曲中学了不少故事。婚后，孙家香从丈夫、乡邻那里听来许多书本故事。20 世纪 50 ~ 70 年代的集体劳动时期，孙家香在公共讲述场所学会了大量故事。80 年代以后，孙家香的孙女给她读书本上的故事，她也记住了不少。由此不难看出，书面故事和文字信息对不识一字的孙家香的影响一直存在。

随着现代化的日益深入，中国农村文化的变迁势在必然，民间故事的传播也日益走向了多元化和多层次化。民间故事的传播方式和传播手段发生了巨大的变化。新的讲述场所不断出现，诸如人群聚集的车站、码头、会议交流场所已经发展成为民间故事展演和传承的重要场域。

但是，讲述民间故事总的趋势则因为传统乡村封闭的社会结构被打破而走向衰微，在一些地方，坐在火垅边讲故事，坐在树荫下摆龙

会场上故事家的讲述　　　施爱东　摄

门阵的情形已受到电视和互联网的严重冲击，乡民讲述故事的热闹场面渐渐萎缩。今天，当我们在乡下见到无数热情的故事讲述者和听众的时候，我们倍感欣慰，也倍感珍贵。在世界各国政府加快速度采取强有力的措施保护自己的民族文化的时代，保护和开发我国丰厚的民间故事资源显得十分紧要和迫切！

# 后 记

我是听故事长大的，虽然我的家乡并不盛产民间故事，我的父辈也不擅长讲民间故事，但儿时的欢乐总是让人向往，儿时的幸福总是那么实在。每年夏夜的皓月当空，村里人就聚在稻场乘凉，聆听从老人口中流出来的一个又一个神奇故事。下雪的冬天，朋友们围坐在火垅边，大家你一言我一语地讲开了。那个时候尽管生活艰苦，可一家人其乐融融、无比温暖的情景总能把贫苦的生活填充得满满当当。父母虽然离我远去，但他们给我讲的不算完整的故事，唱的不算动听的歌谣，如今忆起是那样的悦耳动听。每次坐在书桌前阅读故事，每次下到乡村搜集故事，父母的音容笑貌、父母勤劳俭朴的身影总是那样清晰依然地矗立在我的面前。是他们给我力量走遍海角天涯，是他们的护佑让我平安地走过藏族村落，土家山寨，去播撒希望，收获果实。在即将结束这本书写作的时候，我更加想念他们！

对中国民间故事进行全面描述和系统介绍，一直是我的一个心愿。承蒙刘魁立老师的厚爱，他将主编一套丛书中的中国民间故事部分交由我来完成，为我提供了一个难得的学习机会。在此，对魁立老师多年来对我生活上的照顾和学术上的指导表示诚挚的感谢！

本书的完成，得到了许多朋友的帮助。王丹老师不仅承担了部分章节的写作，而且还为本书插配了精美的图片。徐媛和白杨在课业繁忙的情况下，牺牲休息时间承担了部分章节的初稿写作，对她们的无私帮助，深表谢意。同时也感谢《中国民间故事集成》有关省卷提供的精美图片！

当然，本书也存在这样或那样的问题。如何做到全面、客观、科学地描述中国民间故事是笔者的追求。对于数以万计的中国民间故事来说，本书只是一个导航。我希望通过此书，能够让老百姓意识到他们创造文化的伟力，意识到他们魅力无穷的思想对于人类文化建设的重要意义。如果可以起到这样的作用，也算完成了作者写作此书的目的了。

林继富

2006 年 6 月 20 日凌晨 2 点

# 参考文献

许钰著：《口承故事论》，北京师范大学出版社 1999 年版。

刘魁立著：《刘魁立民俗学论集》，上海文艺出版社 1998 年版。

刘守华主编：《中国民间故事类型研究》，华中师范大学出版社 2002 年版。

刘守华著：《中国民间故事史》，湖北教育出版社 1999 年版。

祁连休著：《智谋与妙趣—中国机智人物故事研究》，河北教育出版社 2001 年版。

【美】斯蒂汤普森著，郑海等译：《世界民间故事分类学》，上海文艺出版社 1991 年版。

【美】丁乃通著，郑建成等译：《中国民间故事类型索引》，中国民间文艺出版社 1986 年版。

【德】艾伯华著，王燕生等译：《中国民间故事类型》，商务印书馆 1999 年版。

【晋】干宝著，汪绍楹校注：《搜神记》，中华书局 1979 年版。

【晋】陶潜著：《搜神后记》，中华书局 1981 年版。

许奉恩著：《兰苕馆外史》，黄山书店 1996 年版。

和邦额著：《夜谭随录》，中州古籍出版社 1993 年版。

朱一玄编：《明清小说资料汇编》下册，齐鲁书社 1989 年版。

《中国民间故事集成陕西卷》编辑委员会编：《中国民间故事集成陕西卷》中国 ISBN 中心 1996 年版。

《中国民间故事集成吉林卷》编辑委员会编：《中国民间故事集成吉林卷》，中国 ISBN 中心 1997 年版。

《中国民间故事集成浙江卷》编辑委员会编：《中国民间故事集成浙江卷》，中国 ISBN 中心 1997 年版。

《中国民间故事集成四川卷》编辑委员会编：《中国民间故事集成四川卷》（上、下），中国 ISBN 中心 1998 年版。

《中国民间故事集成福建卷》编辑委员会编：《中国民间故事集成福建卷》，中国 ISBN 中心出版 1998 年版。

《中国民间故事集成江苏卷》编辑委员会编：《中国民间故事集成江苏卷》，中国 ISBN 中心 1998 年版。

《中国民间故事集成宁夏卷》编辑委员会编：《中国民间故事集成宁夏卷》，中国 ISBN 中心 1999 年版。

《中国民间故事集成湖北卷》编辑委员会编：《中国民间故事集成湖北卷》，中国 ISBN 中心 1999 年版。

《中国民间故事集成北京卷》编辑委员会编：《中国民间故事集成北京卷》，中国 ISBN 中心 1999 年版。

《中国民间故事集成甘肃卷》编辑委员会编：《中国民间故事集成甘肃卷》，中国 ISBN 中心 2001 年版。

《中国民间故事集成河南卷》编辑委员会编：《中国民间故事集成河南卷》，中国 ISBN 中心 2001 年版。

祁连休编：《少数民族机智人物故事选》，上海文艺出版社 1978 年版。

裴永镇：《金德顺故事集》，上海文艺出版社 1985 年版。

韩致中主编：《伍家沟村民间故事集》（第 1 集），中国民间文艺出版社 1989 年版。

次仁玉珍搜集整理：《藏北民间故事选》，西藏人民出版社 1993 年版。

《中华民族故事大系》：第 1－16 卷，上海文艺出版社 1995 年版。

萧国松整理：《孙家香故事集》，长江文艺出版社 1997 年版。

王作栋整理：《新笑府》，上海文艺出版社 1999 年版。

余富贵等整理：《野山笑林》，大众文艺出版社 1999 年版。